大数据审计学实训教程

主　编　何　利
副主编　周　鑫

电子科技大学出版社
University of Electronic Science and Technology of China Press
· 成都 ·

图书在版编目（CIP）数据

大数据审计学实训教程／何利主编. —— 成都：电
子科技大学出版社，2024.7

ISBN 978-7-5647-9306-7

Ⅰ. ①大… Ⅱ. ①何… Ⅲ. ①审计学-高等学校-教
材 Ⅳ. ①F239.0

中国版本图书馆 CIP 数据核字（2021）第 245710 号

大数据审计学实训教程
何　利　主编

策划编辑　陈松明　熊晶晶
责任编辑　熊晶晶

出版发行　电子科技大学出版社
　　　　　成都市一环路东一段 159 号电子信息产业大厦九楼　邮编 610051
主　　页　www.uestcp.com.cn
服务电话　028-83203399
邮购电话　028-83201495

印　　刷　天津市蓟县宏图印务有限公司
成品尺寸　185mm×260mm
印　　张　14.25
字　　数　300 千字
版　　次　2024 年 7 月第 2 版
印　　次　2024 年 7 月第 1 次印刷
书　　号　ISBN 978-7-5647-9306-7
定　　价　49.80 元

前　言

在新时代中国特色社会主义的伟大征程中,我们深入贯彻党的二十大精神,积极响应党和国家对审计工作的新要求,特别是关于加强大数据在审计领域应用的号召。本教材正是在这一背景下,结合最新注册会计师执业准则和企业会计准则,以及我国制造业的实际情况精心编撰而成。

本教程全面体现了风险导向审计模式,聚焦于制造企业的审计内容与流程,旨在培养未来审计人才对大数据技术的掌握和应用能力,助力构建现代化经济体系,推进国家治理体系和治理能力现代化。

一、紧扣时代脉搏,强化审计专业能力

本教材紧密围绕注册会计师审计流程,不仅涵盖财务报表审计业务的工作底稿和方法论,还特别引入了大数据与审计的前沿理论与实践,包括大数据审计的概述、实务操作指南、实训业务指南及会计资料等,旨在培养学生在复杂多变的经济环境中运用大数据技术解决审计问题的能力。

二、深化产学研合作,推动审计创新

本书的成功编纂得益于与河南中税中兴税务师事务所有限公司的深度合作,以及多项国家级和省级科研项目的有力支持,如基于大数据技术的智慧旅游公共服务平台运行效果评价信息系统的研究与应用(国家文化和旅游科技创新工程项目)、河南省软科学研究项目(212400410542)、河南省教育科学"十三五"规划课题(2020YB0296)、河南省高校人文社会科学研究一般项目(2022-ZZJH-282)等。这不仅提升了教材的专业性和实用性,也展现了产学研深度融合的成果,是推动审计领域技术创新和人才培养的重要实践。

三、响应国家战略,服务经济社会发展

本教材积极响应国家创新驱动发展战略,致力于培养具备大数据分析能力和创新思维的审计人才,为我国经济社会高质量发展提供坚实的智力支撑。同时,通过优化审计工作流程,提高审计效率和质量,为深化改革开放、优化营商环境贡献力量。

尽管编者竭尽全力,精心编撰,但由于水平及时间所限,本书难免存在疏漏之处,恳请有关专家、广大师生批评指正,以便我们再版时予以完善。

编　者

目　录

第一篇　大数据与审计概述

第二篇　大数据与审计业务实训

第三篇　大数据与审计实务操作技巧

第一篇　大数据
与审计概述

项目一

"互联网+"

- 了解"互联网+"的概念及特征。
- 掌握"互联网+"的发展趋势及其未来的应用。

一、"互联网+"的概述

"互联网+"是指在创新2.0(信息时代、知识社会的创新形态)推动下由互联网发展的新业态,也是在知识社会创新2.0推动下由互联网形态演进、催生的经济社会发展新形态。

随着科学技术的发展,信息和互联网平台使得互联网与传统行业融合,利用互联网具备的优势特点,创造新的发展机会。"互联网+"通过其自身的优势,对传统行业进行优化、升级、转型,使得传统行业能够适应当下的新发展,从而最终推动社会不断地向前发展。

"互联网+"是互联网思维的进一步实践成果,推动经济形态不断地发生演变,从而带动社会经济实体的生命力,为改革、创新、发展提供广阔的网络平台。通俗地说,"互联网+"就是"互联网+各个传统行业",但这并不是简单的两者相加,而是利用信息通信技术以及互联网平台,让互联网与传统行业进行深度融合,创造新的发展生态。"互联网+"代表一种新的社会形态,即充分发挥互联网在社会资源配置中的优化和集成作用,将互联网的创新成果深度融合于经济、社会各领域中,全面提升社会的创新力和生产力,形成更广泛的以互联网为基础设施和实现工具的经济发展新形态。

2015年7月4日,国务院印发《国务院关于积极推进"互联网+"行动的指导意见》。2020年5月22日,国务院总理李克强在发布的《2020年国务院政府工作报告》中提出,全面推进"互联网+",打造数字经济新优势。

二、"互联网+"的特征

一是跨界融合。"互联网+"敢于跨界,创新的基础就更坚实;融合协同了群体智能才会实现,从研发到产业化的路径才会更垂直。融合本身也指身份的融合,如客户消费转化为投资、伙伴参与创新等。

二是创新驱动。创新驱动互联网的特质,用所谓的互联网思维来求变、自我革命,也更能发挥创新的力量。

三是重塑结构。信息革命,全球化,互联网业已打破了原有的社会结构、经济结构、地缘结构、文化结构。权力、议事规则、话语权不断在发生变化。"互联网+"社会治理、虚拟社会治理会有很大的不同。

四是尊重人性。互联网的力量之强大最根本地也来源于对人性的最大限度的尊重、对人体的敬畏、对人的创造性发挥的重视。如UGC、卷入式营销、分享经济。

五是开放生态。关于"互联网+",生态是非常重要的特征,而生态的本身就是开放的。

六是连接一切。连接是有层次的,可连接性是有差异的,连接的价值是相差很大的。但是连接一切是"互联网+"的目标。

三、"互联网+"的发展趋势

新一代信息技术发展推动了知识社会从以人为本、用户参与的下一代创新(创新2.0)方向的演进。创新2.0以用户创新、开放创新、大众创新、协同创新为特征。随着新一代信息技术和创新2.0的交互与发展,人们的生活方式、工作方式、组织方式、社会形态正在发生深刻变革,产业、政府、社会、民主治理、城市等领域的建设应该把握这种趋势,推动企业2.0、政府2.0、社会2.0、合作民主、智慧城市等新形态的演进和发展。"互联网+"是创新2.0下的互联网与传统行业融合发展的新形态、新业态,是知识社会创新2.0推动下的互联网形态演进及其催生的经济社会发展新常态。它代表一种新的经济增长形态,即充分发挥互联网在生产要素配置中的优化和集成作用,将互联网的创新成果深度融合于经济社会各领域中,提升实体经济的创新力和生产力,形成更广泛的以互联网为基础设施和实现工具的经济发展模式。

四、"互联网+"相关政策

2015年7月4日,国务院印发《关于积极推进"互联网+"行动的指导意见》(以下简称《意见》)。《意见》指出,积极发挥我国互联网已经形成的比较优势,把握机遇,增强信心,加快推进"互联网+"发展,有利于重塑创新体系、激发创新活力、培育新兴业态和创新公共服务模式,对打造大众创业、万众创新和增加公共产品、公共服务"双引擎",主动适应和引领经济发展新常态,形成经济发展新动能,实现中国经济提质增效升级具有重要意义。

《意见》认为,"互联网+"是把互联网的创新成果与经济社会各领域深度融合,推动技术进步、效率提升和组织变革,提升实体经济创新力和生产力,形成更广泛的以互联网为基础设施和创新要素的经济社会发展新形态。在全球新一轮科技革命和产业变革中,互联网与各领域的融合发展具有广阔前景和无限潜力,已成为不可阻挡的时代潮流,正对各国经济社会发展产生着战略性和全局性的影响。

为此,《意见》提出我国"互联网+"行动的总体目标是,到2018年,互联网与经济社会各领域的融合发展进一步深化,基于互联网的新业态成为新的经济增长动力,互联网支撑大众创业、万众创新的作用进一步增强,互联网成为提供公共服务的重要手段,网络经济与实体经济协同互动的发展格局基本形成。

《意见》指出,推进我国"互联网+"行动的总体思路是,顺应世界"互联网+"发展趋势,充分发挥我国互联网的规模优势和应用优势,推动互联网由消费领域向生产领域拓展,加速提升产业发展水平,增强各行业创新能力,构筑经济社会发展新优势和新动能。坚持改革创新和市场需求导向,突出企业的主体作用,大力拓展互联网与经济社会各领域融合的广度和深度。着力深化体制机制改革,释放发展潜力和活力;着力做优存量,推动经济提质增效和转型升级;着力做大增量,培育新兴业态,打造新的增长点;着力创新政府服务模式,夯实网络发展基础,营造安全网络环境,提升公共服务水平。

《意见》还指出,近年来,我国在互联网技术、产业、应用以及跨界融合等方面取得了积极进展,已具备加快推进"互联网+"发展的坚实基础,但也存在传统企业运用互联网的意识和能力不足、互联网企业对传统产业理解不够深入、新业态发展面临体制机制障碍、跨界融合型人才严重匮乏等问题,亟待加以解决。

《意见》明确了11项重点行动,分别是"互联网+"创业创新,"互联网+"协同制造,"互联网+"现代农业,"互联网+"智慧能源,"互联网+"普惠金融,"互联网+"益民服务,"互联网+"高效物流,"互联网+"电子商务,"互联网+"便捷交通,"互联网+"绿色生态,"互联网+"人工智能。

《意见》提出了推进"互联网+"的七方面保障措施:一是夯实发展基础;二是强化创新驱动;三是营造宽松环境;四是拓展海外合作;五是加强智力建设;六是加强引导支持;七是做好组织实施。

项目二

人工智能

一、人工智能的概述

人工智能(Artificial Intelligence, AI)是研究、开发用于模拟、延伸和扩展人的智能的理论、方法、技术及应用系统的一门新的科学技术。

人工智能是计算机科学的一个分支，它企图了解智能的实质，并生产出一种新的能以人类智能相似的方式做出反应的智能机器，该领域的研究包括机器人、语言识别、图像识别、自然语言处理和专家系统等。人工智能从诞生以来，理论和技术日益成熟，应用领域也不断扩大。可以设想，未来人工智能带来的科技产品，将会是人类智慧的"容器"。人工智能是对人的意识、思维信息的过程进行模拟。

人工智能是一门极富挑战性的科学，从事这项工作的人必须懂得计算机知识、心理学和哲学。人工智能包括十分广泛的科学，它由不同的领域组成，如机器学习、计算机视觉等。总的说来，人工智能研究的一个主要目标是使机器能够胜任一些通常需要人类智能才能完成的复杂工作。但不同的时代、不同的人对这种"复杂工作"的理解是不同的。2017年12月，人工智能入选"2017年度中国媒体十大流行语"。

人工智能的定义可以分为两部分，即"人工"和"智能"。"人工"比较好理解，争议性也不大。有时我们会考虑什么是人力所能及制造的，或者人自身的智能程度有没有高到可以创造人工智能的地步，等等。但总的来说，"人工系统"就是通常意义下的人工系统。

关于什么是"智能"，这涉及其他诸如意识(Consciousness)、自我(Self)、思维(Mind)[包括无意识的思维(Unconscious-Mind)]等问题。人唯一了解的智能是人本身的智能，这是普遍认同的观点。但是我们对自身智能的理解都非常有限，对构成人的智能的必要元素也了解有限,所以就很难定义什么是"人工"制造的"智能"了。因此,人工智能的研究往往涉及对人的智能本身的研究,其他关于动物或其他人造系统的智能也普遍被认为是人工智能相关的研究课题。

人工智能在计算机领域内,得到了愈加广泛的重视,并在机器人、控制系统、仿真系统中得到应用。尼尔逊教授对人工智能下了这样一个定义:"人工智能是关于知识的学科——怎样表示知识以及怎样获得知识并使用知识的科学。"而美国麻省理工学院的温斯顿教授认为:"人工智能就是研究如何使计算机去做过去只有人才能做的智能工作。"这些说法反映了人工智能学科的基本思想和基本内容,即人工智能是研究人类智能活动的规律,构造具有一定智能的人工系统,研究如何让计算机去完成以往需要人的智力才能胜任的工作,也就是研究如何应用计算机的软硬件来模拟人类某些智能行为的基本理论、方法和技术。

人工智能是计算机学科的一个分支。自20世纪70年代以来,被称为世界三大尖端技术(空间技术、能源技术、人工智能)之一,也被认为是21世纪三大尖端技术(基因工程、纳米科学、人工智能)之一。这是因为近三十年来它获得了迅速的发展,在很多学科领域都获得了广泛应用,并取得了丰硕的成果。人工智能已逐步成为一个独立的分支,无论在理论还是实践中,都已自成一个系统。

人工智能是研究计算机模拟人的某些思维过程和智能行为(如学习、推理、思考、规划等)的学科,主要包括计算机实现智能的原理、制造类似于人脑智能的计算机、使计算机能实现更高层次的应用。人工智能将涉及计算机科学、心理学、哲学和语言学等学科。可以说几乎是自然科学和社会科学的所有学科,其范围已远远超出了计算机科学的范畴,人工智能与思维科学的关系是实践和理论的关系,人工智能是处于思维科学的技术应用层次,是它的一个应用分支。从思维观点看,人工智能不仅限于逻辑思维,还要考虑形象思维、灵感思维才能促进人工智能的突破性发展,数学常被认为是多种学科的基础科学,数学也进入语言、思维领域,人工智能学科也必须借用数学工具。数学不仅在标准逻辑、模糊数学等范围发挥作用,数学进入人工智能学科,它们将互相促进而更快地发展。

二、人工智能的发展阶段

1956年夏季,以麦卡赛、明斯基、罗切斯特和申农等为首的一批有远见卓识的年轻科学家在一起聚会,共同研究和探讨用机器模拟智能的一系列有关问题,并首次提出了"人工智能"这一术语,它标志着"人工智能"这门新兴学科的正式诞生。IBM公司"深蓝"电脑击败了人类的世界国际象棋冠军更是人工智能技术的一个完美表现。

从1956年正式提出人工智能学科算起,50多年来,人工智能取得长足的发展,成为一门广泛的交叉和前沿科学。总的说来,人工智能的目的就是让计算机这台机器能够像人一样思考。如果希望做出一台能够思考的机器,那就必须知道什么是思考,更进一步讲就是什么是智慧?什么样的机器才是智慧的呢?科学家已经研究出了汽车、火车、飞机、收音机等,它们模仿我们身体器官的功能,但是能不能模仿人类大脑的功能呢?

当计算机出现后,人类开始真正有了一个可以模拟人类思维的工具,在以后的岁月中,无数科学家为这个目标努力着。如今人工智能已经不再是几个科学家的专利了,全世界几乎所有大学的计算机系都有人在研究这门学科,学习计算机的大学生也必须学习这样一门课程。大家或许不会注意到,在一些地方计算机帮助人类进行其他原来只属于人类的工作,计算机以它的高速和准确为人类发挥着它的作用。人工智能始终是计算机科学的前沿学科,计算机编程语言和其他计算机软件都因为有了人工智能的进展而得以存在。

2019年3月4日,第十三届全国人大第二次会议举行新闻发布会发言人张业遂表示,已将与人工智能密切相关的立法项目列入立法规划。

三、人工智能的影响

(1)人工智能对自然科学的影响。在需要使用数学计算机工具解决问题的学科,AI带来的帮助不言而喻。更重要的是,AI反过来有助于人类最终认识自身智能的形成。

(2)人工智能对经济的影响。AI系统更深入各行各业,带来巨大的宏观效益。AI也促进了计算机工业网络工业的发展。但同时,也带来了劳务就业问题。由于AI在科技和工程中的应用,能够代替人类进行一些技术工作和脑力劳动,会造成社会结构的剧烈变化。

(3)人工智能对社会的影响。AI也为人类文化生活提供了新的模式。现有的游戏将逐步发展为更高智能的交互式文化娱乐手段,如游戏中的人工智能应用已经深入各大游戏制造商的开发中。

项目三

大数据

大数据(Big data),信息技术(Information Technology,IT),行业术语,是指无法在一定时间范围内用常规软件工具进行捕捉、管理和处理的数据集合,是需要新处理模式才能具有更强的决策力、洞察发现力和流程优化能力的海量、高增长率和多样化的信息资产。

在维克托·迈尔-舍恩伯格及肯尼斯·库克耶编写的《大数据时代》中,大数据指不用随机分析法(抽样调查)这条捷径,而采用所有数据进行分析处理。大数据的5V特点(IBM提出)为:Volume(大量)、Velocity(高速)、Variety(多样)、Value(低价值密度)、Veracity(真实性)。

一、大数据的定义

对于大数据(Big data),研究机构Gartner给出了这样的定义:大数据是需要新处理模式才能具有更强的决策力、洞察发现力和流程优化能力来适应海量、高增长率和多样化的信息资产。

麦肯锡全球研究所给出的定义是:一种规模大到在获取、存储、管理、分析方面大大超出了传统数据库软件工具能力范围的数据集合,具有海量的数据规模、快速的数据流转、多样的数据类型和价值密度低的四大特征。

大数据技术的战略意义不在于掌握庞大的数据信息,而在于对这些含有意义的数据进行专业化处理。换言之,如果把大数据比作一种产业,那么这种产业实现盈利的关键在于提高对数据的"加工能力",通过"加工"实现数据的"增值"。

从技术上来看,大数据与云计算的关系就像一枚硬币的正反面一样密不可分。大数据必然无法用单台的计算机进行处理,必须采用分布式架构。大数据的特色在于对海量数据进行分布式数据挖掘。但它必须依托云计算的分布式处理、分布式数据库和云存储、虚拟化技术。

随着云时代的来临,大数据(Big data)也越来越多地被各界人士关注。分析师团队认为,大数据(Big data)通常用来形容一个公司创造的大量非结构化数据和半结构化数据,这些数据在下载到关系型数据库用于分析时会花费过多时间和金钱。大数据分析常和云计算联系到一起,因为实时的大型数据集分析需要像 MapReduce 一样的框架来向数十、数百甚至数千的电脑分配工作。

大数据需要特殊的技术,以有效地处理大量的容忍经过时间内的数据。适用于大数据的技术,包括大规模并行处理(MPP)数据库、数据挖掘、分布式文件系统、分布式数据库、云计算平台、互联网和可扩展的存储系统。

二、大数据的特征

(1)容量(Volume):数据的大小决定所考虑的数据的价值和潜在的信息。

(2)种类(Variety):数据类型的多样性。

(3)速度(Velocity):指获得数据的速度。

(4)可变性(Variability):妨碍了处理和有效地管理数据的过程。

(5)真实性(Veracity):数据的质量。

(6)复杂性(Complexity):数据量巨大,来源多渠道。

(7)价值(value):合理运用大数据,以低成本创造高价值。

三、大数据的意义

现在的社会是一个高速发展的社会,科技发达,信息流通,人们之间的交流越来越密切,生活也越来越方便,大数据就是这个高科技时代的产物。

有人把数据比喻蕴藏能量的煤矿。煤炭按照性质有焦煤、无烟煤、肥煤、贫煤等分类,而露天煤矿、深山煤矿的挖掘成本又不一样。与此类似,大数据并不在“大”,而在于“有用”。价值含量、挖掘成本比数量更为重要。对很多行业而言,如何利用这些大规模数据是赢得竞争的关键。

大数据的价值体现在以下几个方面:

(1)对大量消费者提供产品或服务的企业可以利用大数据进行精准营销;

(2)对于模式小的中、小微企业可以利用大数据做服务转型;

(3)面临互联网压力,必须转型的传统企业需要与时俱进,充分利用大数据的价值。

不过,大数据在经济发展中的巨大意义并不代表其能取代一切对于社会问题的理性思考,科学发展的逻辑不能被湮没在海量数据中。著名经济学家路德维希·冯·米塞斯曾提醒过:“就今日言,有很多人忙碌于资料之无益累积,以致对问题之说明与解决，丧失了其对特殊的经济意义的了解。"这确实是需要警惕的。

在这个快速发展的智能硬件时代，困扰应用开发者的一个重要问题就是，如何在功率、覆盖范围、传输速率和成本之间找到那个微妙的平衡点。企业组织利用相关数据和分析可以帮助它们降低成本、提高效率、开发新产品、做出更明智的业务决策等。例如，通过结合大数据和高性能的分析，下面这些对企业有益的情况都可能会发生。

（1）及时解析故障、问题和缺陷的根源，每年可能为企业节省数十亿美元。

（2）为成千上万的快递车辆规划实时交通路线，躲避拥堵。

（3）分析所有库存量单位（Stock Keeping Unit，SKU），以利润最大化为目标来定价和清理库存。

（4）根据客户的购买习惯，为其推送他可能感兴趣的优惠信息。

（5）从大量客户中快速识别出金牌客户。

（6）使用点击流分析和数据挖掘来规避欺诈行为。

四、大数据的趋势

（一）数据的资源化

资源化是指大数据成为企业和社会关注的重要战略资源，并已成为大家争相抢夺的新焦点。因而，企业必须要提前制订大数据营销战略计划，抢占市场先机。

（二）与云计算的深度结合

大数据离不开云处理，云处理为大数据提供了弹性可拓展的基础设备，是产生大数据的平台之一。自2013年开始，大数据技术已开始和云计算技术紧密结合，预计未来两者关系将更为密切。除此之外，物联网、移动互联网等新兴计算形态，也将一齐助力大数据革命，让大数据营销发挥出更大的影响力。

（三）科学理论的突破

随着大数据的快速发展，就像计算机和互联网一样，大数据很有可能是新一轮的技术革命。随之兴起的数据挖掘、机器学习和人工智能等相关技术，可能会改变数据世界里的很多算法和基础理论，实现科学技术上的突破。

（四）数据科学和数据联盟的成立

未来，数据科学将成为一门专门的学科，被越来越多的人所认知。各大高校将设立专门的数据科学类专业，也会催生一批与之相关的新的就业岗位。与此同时，基于数据这个基础平台，也将建立起跨领域的数据共享平台。此后，数据共享将扩展到企业层面，并且成为未来产业的核心一环。

（五）数据泄露泛滥

未来几年数据泄露事件的增长率会达到 100%，除非数据在其源头就能够得到安全保障。也可以说，在未来，每个财富 500 强企业都会面临数据攻击，无论他们是否已经做好安全防范。在财富 500 强企业中，超过 50% 将会设置首席信息安全官这一职位。企业需要从新的角度来确保自身以及客户的数据，所有数据在创建之初便需要获得安全保障，而并非在数据保存的最后一个环节，仅仅加强后者的安全措施已被证明于事无补。

（六）数据管理成为核心竞争力

数据管理成为核心竞争力，直接影响财务表现。当"数据资产是企业核心资产"的概念深入人心后，企业对数据管理便有了更清晰的界定，将数据管理作为企业核心竞争力，持续发展，战略性规划与运用数据资产，成为企业数据管理的核心。数据资产管理效率与主营业务收入增长率、销售收入增长率显著呈正相关。此外，对具有互联网思维的企业而言，数据资产竞争力所占比重为 36.8%，数据资产的管理效果将直接影响企业的财务表现。

（七）数据质量是 BI（商业智能）成功的关键

采用自助式商业智能工具进行大数据处理的企业将会脱颖而出。其中，要面临的一个挑战是，很多数据源会带来大量低质量数据。想要成功，企业需要理解原始数据与数据分析之间的差距，从而消除低质量数据并通过 BI 获得更佳决策。

（八）数据生态系统复合化程度加强

大数据的世界不只是一个单一的、巨大的计算机网络，而是一个由大量活动构件与多元参与者元素所构成的生态系统，即由终端设备提供商、基础设施提供商、网络服务提供商、网络接入服务提供商、数据服务使能者、数据服务提供商、触点服务零售商、数据服务零售商等一系列的参与者共同构建的生态系统。而今，这样一套数据生态系统的基本雏形已然形成，接下来的发展将趋向于系统内部角色的细分，也就是市场的细分；系统机制的调整，也就是商业模式的创新；系统结构的调整，也就是竞争环境的调整等，从而使得数据生态系统复合化程度逐渐增强。

五、IT 分析工具

在大数据概念应用到 IT 操作工具产生的数据中，大数据可以使 IT 管理软件供应商解决大广泛的业务决策。IT 系统、应用和技术基础设施每天每秒都在产生数据。大数据非结构化或者结构数据都代表了"所有用户的行为、服务级别、安全、风险、欺诈行为等更多操作"的绝对记录。

大数据分析的产生旨在于 IT 管理,企业可以将实时数据流分析和历史相关数据相结合,然后大数据分析并发现它们所需的模型。反过来,帮助企业预测和预防未来运行中断和性能问题。进一步来讲,他们可以利用大数据了解使用模型以及地理趋势,进而加深大数据对重要用户的洞察力。他们也可以追踪和记录网络行为,大数据轻松地识别业务影响,随着对服务利用的深刻理解加快利润增长,同时跨多系统收集数据发展 IT 服务目录。

项目四

人工智能审计

学 习 目 标

● 了解技术生产体系视角下人工智能与其他新兴技术的关系。
● 人工智能等新一代信息技术对审计系统性影响的文献研究。

一、什么是人工智能审计

随着机器学习、专家系统、计算机视觉、语音识别、认知计算、神经网络等人工智能技术在众多行业的深度应用,对会计和审计领域产生了颠覆性的影响。根据权威机构预测:到 2025 年,全球 30% 的企业审计工作将由人工智能完成;到 2030 年,企业对人工智能的持续投资将使全球生产力提高到 6.6 万亿美元。人工智能的研究,历史上经历了逻辑规则(利用逻辑学设定规则以协助做出逻辑判断)、机器学习(利用大量资料训练机器使其具备类似人类的预测能力)、认知能力(利用深度学习获得人类感知能力)和自主学习(自主获取和分析资料、自主适应和决策)四次重要的兴衰。

20 世纪 90 年代的专家系统(也称为规则系统)曾一度在医疗和故障诊断领域有广泛的应用,但到 21 世纪初陷入低谷期。当前随着 5G 技术的应用、计算能力和存储能力的提升、新算法推陈出新以及分析维度的拓展,且可以与图像识别等新兴人工智能技术有效结合,人工智能在视觉、语音、文字、模式和知识等的识别与生成领域有着重要应用,已逐步形成有效商业模式与完整产业生态圈。人工智能强调感知能力、记忆和思维能力、学习和自主适应能力以及行为决策能力等,人工智能在会计与审计的创新应用中,将审计判断的规则纳入流程自动化技术中,可以根据被审计单位所处的环境和行业特性,智慧生成所需的决策信息,并具有自主学习和改善提升的能力,实现信息化、网络化向自动化、智能化的转型。

在智能环境下,构建完善的审计数据生态系统,需要系统整合使用大量的外生变量,这些多源异构的数据流可能包括社交媒体、天气、物联网(IoT)、航拍、新闻稿件以及其他与内部数据源相关联的数据,通过对海量大数据的深度挖掘和分析,可以有效识别异常和风险,提高审计效率,提升审计质量。审计人员借助大数据分析和挖掘技术,一方面,可以利用自动化审计程序拓展审计取证范围,提供更高保证程度的审计意见;另一方面,通过对审计过程中海量数据的深度挖掘分析,以及与自身发展和同行业企业发展的对标比对,能够为管理层提供更有价值和更具洞察力的咨询建议。技术生产体系视角下人工智能与其他新兴技术的关系,如图1-4-1所示。

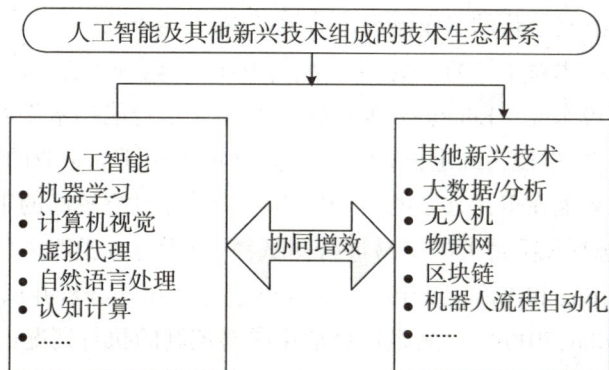

图1-4-1 技术生产体系视角下人工智能与其他新兴技术的关系

行业监管和准则制定机构高度关注人工智能在审计实践中的创新发展和推广应用。美国公众公司会计监督委员会(PCAOB)成立了数据和技术工作组,以获得理论界和实务界对以人工智能、数据分析为代表的新一代信息技术的见解。2020年,PCAOB在一份最新的研究报告中,分享了对当前人工智能在识别和评估重大错报风险以及生成审计证据方面的实施意见。2020年,国际审计与鉴证准则委员会(IAASB)的技术工作组也公布了一份文件,探讨了审计人员应用自动化工具和技术对审计工作可能产生的影响,并对审计准则的发展、信息技术如何提升审计质量以及审计和财务专业人员的能力提升等提出了建议。

二、AI 等新一代信息技术对审计系统性影响的文献研究

人工智能、数据分析、机器学习、区块链和机器人流程自动化等新一代信息技术在审计领域取得了很好地应用。人工智能作为一门研究、开发用于模拟、延伸和扩展人类智能的理论、方法、技术及应用系统的学科,人工智能领域的学者希望用计算机模拟人类的认知体系。随着计算机科学和计算机运算的发展,发现人脑的复杂程度和认知过程的难度远远超过人类的想象。数据分析基于数学、计算机科学、统计学领域复杂的算法,实现描述性分析(数据集的定量总结)、诊断性分析(旨在剖析动因与原因)、预测性分析(对未来发展的估计)和规范性分析(提供方案选择和行动建议)。机器学习作为人工智能的一个重要分支,通过给定输入和输出,让计算机凭借结果来理解过程和认知,利用智能算法以确保计算机系统的学习过程。深度学习作为机器学习的一个子集,

基于深度置信网络,提出非监督式贪婪逐层训练的算法,模仿人脑的学习过程,解决深层结构最优化的难题,因此机器学习和深度学习是一个递进的关系,前者是后者的底层基础,而后者是在前者基础上针对某个问题点的具体解决。区块链以透明性、不可更改性和分布式系统为特征的非对称加密技术,实现对数据变化或欺诈的即时验证。机器人流程自动化作为一种自动化形式,其业务流程基于机器人和人工智能算法应用,有助于将重复性、标准化、规范化的工作流程自动化,消除人为干预。

关于人工智能技术对审计的影响,学者们持有正、反两种观点。一方对人工智能应用于审计工作持积极态度。Etheridge 等(2000)利用人工智能技术学习各种独立变量/财务比率之间的关系,以便为确定公司的财务健康状况和评估企业的持续经营能力提供决策依据。人工智能在审计领域的典型应用包括识别风险较高的审计领域,对所有交易进行审查,以选择风险最大的交易进行测试,并分析总分类账内的所有条目,以便检测异常情况(Bowling 和 Meyer,2019)。人工智能还可用于分析并识别财务错报或者欺诈(Persico 和 Sidhu,2017),监测客户自动化内部控制的执行情况(Hunton 和 Rose,2010)。人工智能的语音和面部识别技术,成功地用于检测语音中的欺骗性或面部模式中的紧张性,并在欺诈面谈中发挥积极作用(Dickey et al.,2019)。Omoteso(2012)回顾了人工智能系统在审计行业应用实施的利弊以及未来的研究发展和应用方向。

三、国际"四大"审计业务中 AI 的应用状况

人工智能作为一种旨在模仿人类认知能力和判断力的新兴技术,会计师事务所在其审计和咨询业务中若能加以合理应用,将能够提供更加快捷、精准化的数据分析,能够更深入地了解业务流程,有效识别高风险的审计领域,也能提高审计效率和审计质量。国际"四大"会计师事务所积极探索人工智能在审计业务中的应用,不断加大在人工智能领域的投资,在审计计划、风险评估、交易测试、分析和编制审计工作底稿等审计实践中,人工智能正被用于执行审查总账、税务合规、编制工作文件、数据分析、费用合规、欺诈检测和决策等(Bowling,Meyer 2019;Commerford et al.,2020;CPA.com,2019;Kokina,Davenport,2017)。例如,普华永道(PwC)与 H2O 人工智能技术公司合作,研发了一款名为 GL 的创新机器人,其具有 AI 和机器学习功能,通过对海量大数据的深度分析,能够帮助审计人员在短时间内了解企业,发现舞弊和异常情况,2017 年被《国际会计公报》评为"年度审计创新",该款机器人已在加拿大、德国、瑞典、英国等 12 个国家的20 个审计项目中成功应用。安永(EY)开发了一款基于云计算平台的 EY Atlas,将 AI融入审计师的支持性环境,这款整合了人工智能和语音识别能力的智能审计程序为员工和客户带来领先的研究体验。此外,安永(EY,2016)还在存货审计业务中使用了带有 AI 的无人机对牛群实施盘点,使得存货数据收集更加实时、准确。毕马威(KPMG)联合微软和 IBM Watson 推出了 KPMG Clara,这是一个全新的"自动化、敏捷、智能和可扩

展"的审计平台,整合了预测分析和认知技术的各种功能,能够实现数据驱动的风险评估(KPMG,2018)。德勤(Deloitte)开发了一款 GRAPA 的审计专家系统,能够协助审计人员在制订审计风险策略时,高效获取以往审计库中以及全球所有同事知识库中的知识和经验,为风险评估提供支持。此外,德勤的 Argus 是一个智能工具,可以分析、搜索和定位文件中的修订内容,能够帮助审计人员识别合同中的微小差异,使得以往耗时、耗力的文本分析工作变得快捷高效(德勤,2018)。Davenport 和 Raphael(2017)给出了一个德勤"认知审计"策略的例子,该策略的基本思路是"审计流程标准化—标准化流程数字化—数字化流程自动化",并在审计过程中融入先进的数据分析和数据挖掘技术。最后,利用认知(增强)技术对审计分析和决策系统进行改造。

四、面向 AI 应用的 CPA 考试模式变革及课程体系优化

人工智能等新一代信息技术在会计和审计领域的应用。根据既定业务逻辑进行判断,自动完成数据输入、分类合并、汇总统计和自主学习,智慧管理和监控自动化的业务和财务流程,智慧识别业务和财务流程中的风险控制点,降低中间环节发生错误的可能性,提供优质财务数据,提高舞弊的难度,同时具备高精准度、高效率、不休息、不间断的特性。另外,每个步骤可被监控和记录,作为审计证据以满足合规要求,部分合规和审计工作将有可能实现全查而非抽查,全面提升审计质量。此外,通过大数据分析进行全样本资料判断,并以可视化界面呈现大数据分析结果,经由分析图表中所呈现的异常与偏差,将复杂数据转化为有意义的信息,协助审计人员识别可能的审计风险与问题,助力企业风险管控,提升营运绩效。可根据企业所处的环境和行业特性,智慧生成所需决策信息,并通过自主学习和持续改善,提供有别于传统的审计服务,审计师可以在财务决策、经营分析、预算管理及分析等方面为企业的运营改善与流程优化,提供更加广泛、更有价值、更具针对性的建议。大数据分析以及人工智能相关技术运用能力将是重塑审计师核心竞争力的关键,也是未来审计师重要的建议和职业判断。

面对人工智能及其相关技术在会计和审计领域的深度应用,注册会计师需要为客户提供网络安全管理。

项目五

大数据审计

一、什么是大数据审计

大数据审计是指审计机关遵循大数据理念,运用大数据技术方法和工具,利用数量巨大、来源分散、格式多样的经济社会运行数据,开展跨层级、跨地域、跨系统、跨部门和跨业务的深入挖掘与分析,提升审计发现问题、评价判断、宏观分析的能力。与数据审计相比较,大数据审计所使用的数据更多源异构,所使用的技术方法更复杂高级,对数据的洞察更敏锐、深刻。

大数据是信息化发展的必然趋势,大数据审计是审计机关适应时代发展的必然选择。2014年,审计署成立电子数据审计司,先后出台了审计业务电子数据管理、审计业务电子数据远程联网管理、建设特派办数据分析网和共享审计业务电子数据等规定,明确了数据采集、管理、使用、安全等各环节要求,初步构建了较为完备、规范的大数据审计体系;地方各级审计机关也结合实际构建大数据审计体系,取得较好成效。2016年,世界审计组织大会批准成立大数据审计工作组,中国审计署担任工作组主席国。

实施大数据智能审计是贯彻落实国家科技强审战略、提高审计监督效能、促进企业高质量发展的重要举措。

二、大数据应用对审计转型的挑战

大数据在企业中的应用改变了企业会计生态,影响了企业会计凭证的生产、处理等序列程序。因此,传统审计在大数据环境中将面临较大的挑战。传统调查统计数据与大数据的对比,见表1-5-1。

表1-5-1 传统调查统计数据与大数据的对比

项目	传统调查统计数据	大数据
数据量	样本量较小	以百万计,接近全样本
获取方式	调查或抽样数据,主观性强	自然产生,客观性强
适用范围	获取目的性强,适用范围窄	无特定获取目的,适用范围广

大数据应用对审核转型的挑战,主要表现在以下几个方面。

(一)会计信息系统的合理性和有效性

在大数据环境中,会计信息主要依赖于会计信息系统的合理性和有效性,而这又依赖于会计信息设计的合理性。因此,在大数据时代,企业会计信息系统中可能存在不留痕迹的数据资料被泄露、篡改或破坏的情况,这就导致了审计过程无法做到穿行测试,审计工作的开展更多地依赖于内部控制的有效性,这就加大了内部控制的审计风险。

(二)会计数据的真实性

在大数据环境中,存在大量内、外部因素影响数据的真实性。为了能得到更为真实的审计证据,防止大数据环境下的"假账真审",必须保证被审计的数据是真实的。防范与控制大数据环境带来的审计风险,其中审计大数据质量控制是关键问题。

(三)会计数据的控制和保护

一方面,为了获得全面、可靠的审计证据,需要从被审计单位采集大量敏感和重要的数据进行分析,如员工的用户名和密码等,而被审计单位往往对这些涉密数据比较警惕;另一方面,这些涉密的会计信息容易受到黑客的攻击,影响会计数据的安全性和完整性。因此,在大数据环境下,需要对被审计单位的数据采集、数据传输、数据存储、数据维护、数据分析等整个数据生命周期进行控制和保护,以降低审计风险。

(四)会计数据分析风险

为了能做到事中审计或者实时审计,会计师事务所需要更为强大、高效、实时的审计数据分析方法。在大数据环境下,数据的多元性和复杂性都在急剧增长,冗余、低价值数据大量存在。在大数据环境下,数据的复杂性给审计人员的分析工作带来了一定困难,提高了审计数据分析的风险。

三、大数据应用有助于提升审计质量

大数据的使用将成为未来提高竞争力、生产力和创新能力的关键因素,产生越来越多的大数据企业,这给审计转型、提高审计质量提供了机遇,大数据的应用能够有效地提高审计质量。

智能审计分析流程图,如图1-5-1所示。

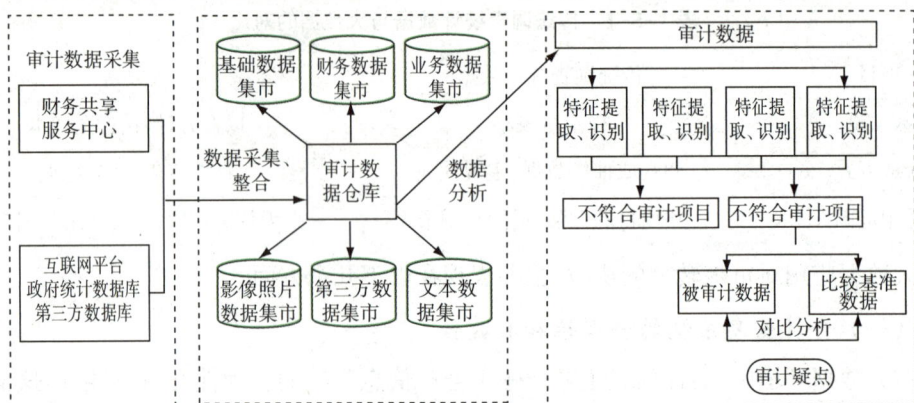

图1-5-1 智能审计分析流程图

（一）大数据的应用有利于审计证据的获取

随着被审计单位业务和财务信息的数据化，获取被审计单位的业务和财务信息数据以开展审计，已经成为大数据背景下审计的重要方式。在大数据环境下，会计师事务所可以充分利用采集来的被审计单位业务和财务信息数据，建立集中统一的被审计单位数据中心，利用该数据中心和云数据、数据挖掘等分析技术，构建事务所层面的大数据分析平台。通过这个数据分析平台与被审计单位信息系统进行对接，审计人员能够从被审计单位获取更多、更广泛的数据来源，从而更加系统、全面地获取被审计单位各种类型的数据，便于对这些数据进行交叉验证比对分析，从而解决目前数据分析局限于查找单个问题的缺陷。

在传统审计时期，审计证据的获取受到被审计单位客观条件的约束，所获取审计证据的数量和质量难以保证，这导致审计证据充分性不够。大数据时代，被审计单位大量的结构化和非结构化数据得以储存。借助大数据技术，审计人员可以对被审计单位的海量数据进行多角度分析，而这些大数据之间天然具有相互关联、互相印证的牵制关系，有助于审计人员获取更多高质量的审计证据。

（二）大数据的应用有利于审计人员获取外部非财务证据

传统审计时代，审计人员主要核对被审计单位账务处理流程，从内部获取相应的财务数据。但财务数据由被审计单位编制和提供，其中较多的财务操控现象很难被发现，审计差错的概率较高。例如，审计人员通过对企业销售收入进行分析性复核，发现了企业销售异常的月份，此时却只能通过对业务的穿行测试和逆向检查等方式来核对，而很难通过外部第三方进行佐证。即使能够从其他渠道获取相关信息进行验证，这些信息也往往多是财务数据，而不能利用财务数据和非财务数据进行交叉验证。

大数据时代，审计人员可以从多渠道获取相应的审计证据，包括更多的非财务数据进行验证。相对于非财务信息而言，被审计单位外部的非财务信息来源更广、种类更多,这包括审计单位行业和竞争对手相关信息、被审计单位和客户之间沟通往来的电子邮件和电话记录,以及高管接受新闻采访,甚至内部的自媒体、社交网站和网络社区上发布有关企业的信息等。这些来源于被审计单位内外部的非财务信息,均可作为传统审计证据的补充和验证。例如,当被审计单位精心谋划某会计舞弊时,传统审计方式难以从公司内部获取充分的证据,甚至获取了虚假的审计证据,此时审计人员便无计可施。但大数据时代,审计人员可以获取企业员工社交媒体发布的相应信息,判断员工是否存在较大的负面情绪,并对这些负面情绪进行识别,从而判断被审计单位是否可能发生舞弊行为。因此,外部非财务数据的获得性能够使审计证据来源多元化,而不同类型的审计证据相互验证有助于发现被审计单位精心谋划的舞弊行为,从而提高审计质量。基于文本数据分析的大数据审计方法原理,如图 1-5-2 所示。

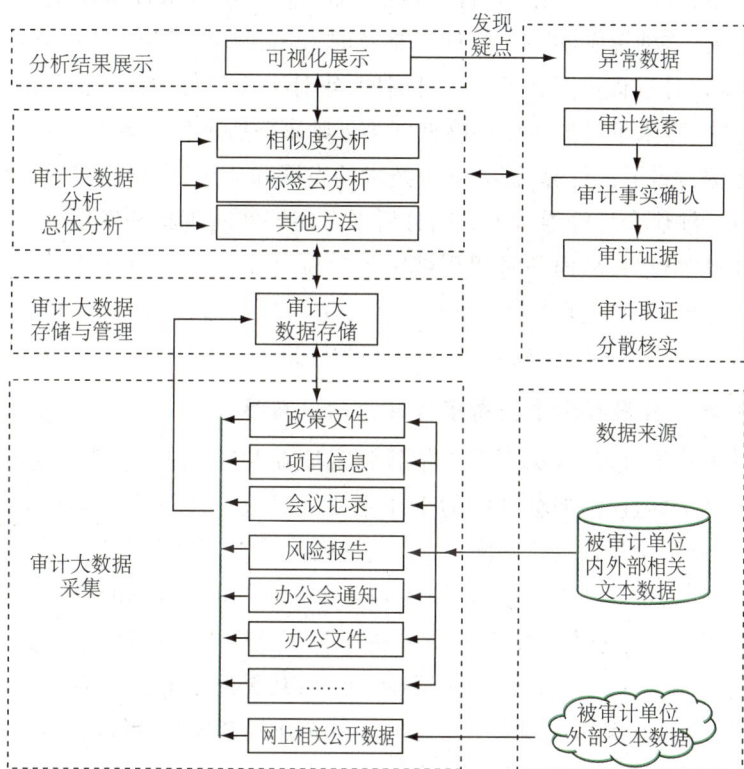

图 1-5-2 基于文本数据分析的大数据审计方法原理

(三)大数据的应用有利于更新数据分析技术

传统审计模型下,数据分析更多地依赖于统计抽样分析和分析性程序,无法做到穷尽检查,可能存在误拒风险和误受风险。更为严重的是,由于抽取的样本有限,可能忽视了被审计单位大量的具体业务活动,导致审计人员无法完全发现和揭示被审计单位的重大舞弊行为,从而导致审计过程中隐藏着重大的审计风险。

大数据时代,审计人员可以利用遗传算法、机器学习、神经网络以及云计算等智能技术,对被审计单位的业务和财务信息数据进行全样本分析,并与其他非结构化数据进行验证,有助于降低误拒风险和误受风险。另外,审计人员可以通过编程技术在被审计单位的业务控制点上设置相应的观察点,及时监控被审计单位业务过程中可能存在的问题,继而进一步汇总计算财务和非财务数据,通过软件设置提示需要重点关注的重大审计风险点,有助于提高审计工作效率。

(四)大数据应用有利于实现实时审计

一方面,传统审计模式下,审计人员需要等到被审计单位编制财务报表后才能开展实质性审计工作。被审计单位编制财务报表前,审计人员只能了解和审阅被审计单位环境等外部因素,因此审计工作相对而言比较滞后。对于被审计单位复杂的生产经营和管理活动来说,这种传统的事后审计很难及时做出正确的评价,并且显得过于迟缓。另一方面,传统审计过程需要较长的审计时间,审计人员都集中在年报编制后才能大规模展开审计工作,年末审计的集中性降低了会计师事务所审计的效率。

随着大数据背景下云计算、流处理等技术的发展和应用,审计的实时处理和快速决策将得以实现。注册会计师通过大数据分析平台能够实时观察和发现企业经营管理过程中的错误和舞弊行为,从而及时纠正被审计单位可能存在的问题,降低审计风险,提高审计质量。此外,大数据环境下,部分审计任务可以通过设定相应的程序、借助于审计机器人进行自动审计,从而提高审计的效率和效果。

(五)大数据应用有利于提高审计结论的准确性

传统审计模式下,审计人员更多地依赖自身职业判断,给出审计结论,审计结论存在一定的偏差性。并且,注册会计师的工作主要是对被审计单位过去发生的事项和认定进行鉴证,审计结论存在一定的滞后性。这两者都影响了审计结论的准确性。

大数据环境下,审计证据的获取、审计报告的形成、审计意见的决策等都基于被审计单位业务和财务信息的大数据全样本分析。基于全样本的数据分析,能够全面了解被审计单位的全貌,审计结论也会更为准确、可靠;甚至通过分析比对被审计单位非结构化数据,能够及时发现和预测未来可能发生的企业经营风险,可以在审计报告中的关键事项段提及该事项,从而提高审计结论的准确性。

(六)大数据有利于促进审计报告的应用

传统审计模式下,审计人员提供给被审计单位和投资者的最终成果只有审计报告,但审计报告的格式相对比较固定,导致最终审计成果包含的信息含量较少。随着大数据在审计中的广泛应用,审计人员的审计成果除了审计报告外,还有在审计过程中采集、挖掘、分析和处理的大量资料和数据。例如,被审计单位客户的舆情监控等,这些信息都可以作为审计报告的副产品提供给被审计单位,用于改进经营管理,能够促进审计成果的综合应用,提高审计成果的综合应用效果。

四、大数据审计平台建设背景

党的十八大以来,党和国家高度重视审计工作,审计监督已成为国家治理的基石和重要保障。随着企业管理规模越来越大、层级越来越多、经济业务越来越复杂,内部审计对象、范畴、内容也较以往有了很大改变,对内部审计提出了更高的要求。现代信息技术尤其是大数据和人工智能技术的发展,为企业加快推进审计信息化落地,转变内部审计职能、提升审计效率、建设智慧审计奠定了良好的根基。

构建大数据智能审计平台,是对科技强审战略的积极践行,对于提升审计效率,促进企业经济高质量发展,充分发挥审计在国家治理体系和治理能力现代化中的职能作用也具有重要意义。

以"科技强审、智慧高效"为目标,构建大数据审计平台,以有效解决传统内部审计面临的"无法打通系统信息壁垒、不能全量数据审计、数据分析深度不够"等问题,拓宽内部审计人员视野,丰富内部审计技术手段,增强全量分析能力,提高审计效率和质量。

五、大数据审计平台建设内容

在充足数据资源保障的基础上,建设大数据审计平台,可以有效解决审计实务中对审计数据计算、存储、仓储、网络等安全设施资源及服务的耦合性与个性化定制问题,以满足数据式审计活动的需要。基于不同技术,大数据审计平台可以分别构建成数据管理平台、数据分析平台及审计作业平台3个子平台。第一,构建审计数据管理平台,通过该平台采集、抽取、转换、加载和存储离散在不同企业等环境中的审计数据,提高审计数据的集成度,用于支撑数据分析和数据审计作业工作。第二,构建审计数据分析平台,依托该平台,利用数据管理平台提供的电子数据,对被审计单位的环境概况进行宏观分析,初步评估审计风险。借助挖掘技术、SQL查询等工具,分析与比对关联数据,识别异常项目,锁定审计重点和疑点,为进一步开展审计工作提供线索。第三,构建大数据审计作业平台,该平台由风险评估、控制测试、细节性测试、审计工作底稿管理以及成果展示等模块组合而成。在审计作业平台,利用模块之间的协同旋进性效应,运用大数据技术,有序开展在线审计工作,提高审计工作效率。构建大数据审计平台,打破信息孤岛,实现各子平台间的数据互通,推动大数据审计向总体审计、实时审计模式发展。

大数据智能审计平台框架构建遵循"一个平台、两个核心、三个目标、四个视角、五个要素、六个领域、七类应用"的建设思路,如图1-5-3所示。

其中,一个平台,即构建集中统一的大数据审计平台;两个核心,即以数据和审计为核心,向大数据要资源,向信息化要效率;三个目标,即通过大数据审计系统,提供更强、更快速地发现和定位问题,进行更高质高效的审计应用;四个视角,即以风险和问题视角为导向,从大处着眼(领导视角),从小处入手(业务部门视角),综合多方要素,构建审计模型;五个要素,分别为内外部数据、制度法规、智能技术、用户角色、定位提示,通过企业内部数据与外部数据相互印证,结合企业及集团内部制度规定、外部法规、行业规范要求及机器学习等方法构建审计模型,并按照审计部门、业务部门等不同用户角度,进行审计问题的精准定位与风险提示;六个领域,即按照分步骤、分阶段实施原则,选择成本费用、资金管理、合同管理、招标采购、往来账款、资产管理六大重点审计领域;最终形成集指标看板、数据统计、问题清单、问题推送、核实整改、制度依据和模型管理于一体的七类应用。

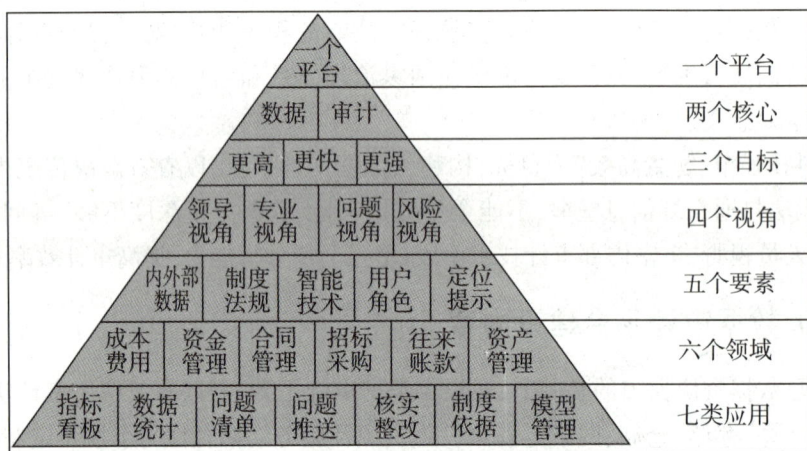

图 1-5-3 大数据平台审计框架

将信息技术与审计专业技能深度融合,可以帮助审计主体改造与提升审计信息化水平,分散审计风险,并最终大幅提升审计作业质量。在我国,由于受会计师事务所内外各种环境因素的制约和影响,大数据审计几乎没有被注册会计师行业大量推广。但是,随着大数据审计平台的建设、被审计对象自动化程度的迅速提高、审计人员对大数据技能的掌握,以及大数据审计总体成本的逐渐降低,大数据审计必将在我国得到长远发展。

数据式审计模式在大数据环境下的逻辑流程图,如图 1-5-4 所示。

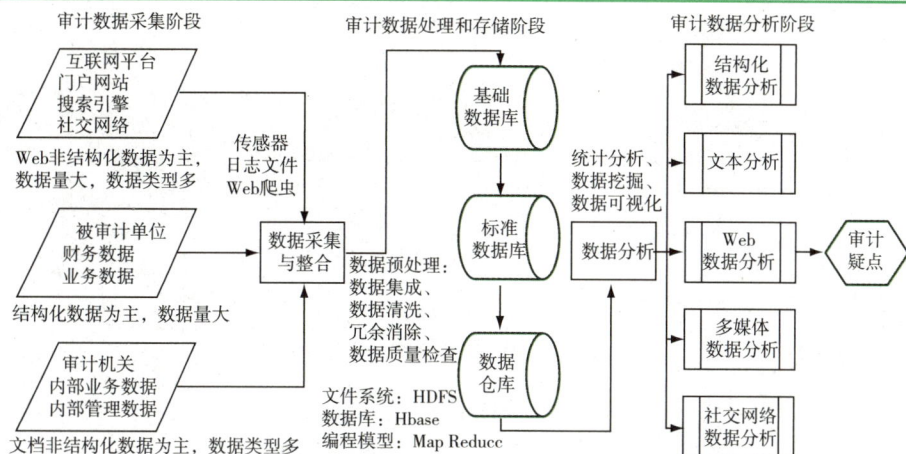

图 1-5-4　数据式审计模式在大数据环境下的逻辑流程图

在具体实施过程中,按照由浅入深、由少到多、由点到线、由线到面,循序渐进的原则,选取部分重点领域的关键环节作为一期大数据审计实践的主要内容,通过分期实现,最终形成整个集团全组织、全业务、全过程的大数据智能审计系统。

六、大数据智能审计未来发展

在高度上,要围绕一个目标、两个体系(SPI,JYKJ),从财务审计和专项审计向经营审计、战略审计、绩效审计迈进。在深度上,要进一步向行业纵深、业务纵深、问题纵深、技术纵深,最大限度挖掘数据和技术潜力。在广度上,要进行应用的拓展和整合。一方面,要将大数据技术,从审计领域扩展到风险管理、内控、合规、监察、管理对标等多个管控领域,构建大监督平台;另一方面,要将大数据审计平台与监控预警系统、其他管理系统、业务系统进行融会贯通,快速查看异常单据及事中、事前审计,实现审计关口前移。

第二篇　大数据与审计业务实训

项目一

会计师事务所的设立和报批

学习目标

● 全面了解《中华人民共和国注册会计师法》(2014 年修订版)、《会计师事务所审批和监督暂行办法》及其他有关会计师事务所设立审批的政策和法规文件。

● 明确会计师事务所及会计师事务所分所设立的审批依据,掌握其设立条件和报批程序。

项目导航

　　会计师事务所(Accounting Firms)是指依法设立,接受委托从事鉴证业务、咨询等相关服务业务的专业中介组织。其中,小型会计师事务所是指规模较小,主要提供相关专项服务的会计师事务所;中型会计师事务所是指在人才、品牌、规模、技术标准、执业质量和管理水平等方面具有较高水准,能够为大、中型企事业单位、上市公司提供专业或综合服务,行业排名前 200 位左右的会计师事务所(不含大型会计师事务所);大型会计师事务所是指在人才、品牌、规模、技术标准、执业质量和管理水平等方面居于行业领先地位,能够为我国企业"走出去"提供国际化综合服务,行业排名前 10 位左右的会计师事务所。《中华人民共和国注册会计师法》规定:会计师事务所有合伙和有限责任两种形式。申请设立小型会计师事务所,原则上应当采用普通合伙组织形式,合伙人依法对合伙企业债务承担无限连带责任。大中型会计师事务所,目前我国正在推动其采用特殊普通合伙组织形式。采用特殊普通合伙组织形式的会计师事务所:一个合伙人或者数个合伙人在执业活动中因故意或者重大过失造成合伙企业债务的,应当承担无限责任或者无限连带责任;其他合伙人以其在合伙企业中的财产份额为限承担责任;合伙人在执业活动中非因故意或者重大过失造成的合伙企业债务以及合伙企业的其他债务,由全体合伙人承担无限连带责任。

本项目的学习,应在全面了解《中华人民共和国注册会计师法》《会计师事务所审批和监督暂行办法》等相关法规依据的前提下,通过对会计师事务所设立、审批等工作过程的演练,进一步明确会计师事务所及会计师事务所分所的设立条件,掌握其报批程序。

任务一　会计师事务所的设立

任务扫描

明确会计师事务所的设立依据、设立条件及应当向省级财政部门提交的相关材料。

知识准备

一、会计师事务所的设立依据

(1)《中华人民共和国注册会计师法》。
(2)《会计师事务所审批和监督暂行办法》。

二、会计师事务所设立的申请主体

拟设立事务所的合伙人或者股东的注册会计师可以作为申请主体,申请设立合伙会计师事务所或者有限责任会计师事务所。

三、会计师事务所的名称

(1)会计师事务所的名称应当符合国家有关规定。未经同意,会计师事务所不得使用包含其他会计师事务所字号的名称,也不得使用违反公共利益、有误导性或者有其他不良影响的名称。

(2)会计师事务所分所的名称应当采用"会计师事务所名称+分支机构所在行政区划名+分所"的形式。

任务设计案例

设计目的:明确会计师事务所的设立条件。

案例资料:家住××市的田××是××会计师事务所的一名注册会计师,已有6年的执业经历。近日,田××与具有注册会计师资格的王××等5人协商集资35万元,拟在××市新设立"恒通会计师事务所"。

　　设计要求:将全班同学分成若干小组,每组推选 1 名同学担任组长并扮演田××,小组成员就设立"恒通会计师事务所"事宜进行协商,提出设立事务所的方案。

任务二　会计师事务所的报批

任务扫描

　　明确会计师事务所及会计师事务所分所的审批权限,熟悉报批程序。

知识准备

　　设立会计师事务所及会计师事务所分所的审批部门:

　　(1)设立会计师事务所,由拟设立的会计师事务所所在地的省、自治区、直辖市人民政府财政部门批准;

　　(2)会计师事务所设立分所,应当由分所所在地的省、自治区、直辖市人民政府财政部门批准。

任务设计案例

　　设计目的:掌握会计师事务所的报批程序。

　　案例资料:田××经与王××等人协商,达成了设立"恒通会计师事务所"的协议,草拟了事务所章程,在××市南湖区租用了 200 平方米的临街门面房,事务所注册资金 35 万元已存入中国××银行南湖区分理处田××账户下。

　　设计要求:将全班同学分成若干小组,每组推选 1 名同学担任组长并扮演田××,小组成员就"恒通会计师事务所"报批事宜进行协商,提出事务所报批的行动方案。

项目二

会计师事务所的业务承接

学 习 目 标

- 明确承接业务的前提条件。
- 熟悉审计业务约定书的内容。
- 掌握审计业务约定书签订的方法。

项目导航

　　会计师事务所接受业务委托是审计工作的开始阶段。本阶段的主要工作包括:了解和评价审计对象的可审性;决策是否接受该委托项目;与委托单位就审计约定事项相关内容进行洽谈,商定业务约定条款;签订审计业务约定书。

　　本项目的学习,应根据审计准备阶段的工作过程,明确审计业务承接的前提条件,掌握如何判断是否接受委托,如何就审计约定事项的相关内容进行洽谈,明确审计业务约定书的格式、具体内容和签订过程,熟练掌握审计业务约定书的编制方法。通过本项目的学习和训练,学生应提高对审计初始阶段重要性的认识,理解审计开始阶段应注意的问题,初步形成对审计对象可审性的判断能力。

任务一　初步业务活动的展开

任务扫描

　　明确审计业务承接的前提条件,判断是否承接拟议的审计业务。

一、审计业务承接的前提条件

审计业务承接的前提条件,是指管理层在编制财务报表时采用可接受的财务报告编制基础以及管理层对注册会计师执行审计工作前提的认同。

为了确定审计的前提条件是否存在,注册会计师应当:

(1)确定管理层在编制财务报表时采用的财务报告编制基础是否可接受;

(2)就管理层认可并理解其责任,与管理层达成一致意见;

(3)与被审计单位的业务约定条款不存在其他误解。

管理层的责任包括:

(1)按照适用的财务报告编制基础编制财务报表,并使其实现公允反映;

(2)设计、执行和维护必要的内部控制,以使财务报表不存在由于舞弊或失误导致的重大错报;

(3)向注册会计师提供必要的工作条件,包括允许注册会计师接触与编制财务报表相关的所有信息(如记录、文件和其他事项),向注册会计师提供审计需要的其他信息,允许注册会计师在获取审计证据时不受限制地接触其认为必要的内部人员和其他相关人员。

二、不应承接拟议审计业务的情况

如果管理层或治理层在拟议的审计业务约定条款中对审计工作的范围施加限制,以致注册会计师认为这种限制将导致其对财务报表发表无法表示意见,注册会计师不应将该项业务作为审计业务予以承接,除非法律法规另有规定。如果审计的前提条件不存在,注册会计师应当就此与管理层进行沟通。在下列情况下,除非法律法规另有规定,注册会计师不应承接拟议的审计业务:

(1)注册会计师确定被审计单位在编制财务报表时采用的财务报告编制基础不可接受;

(2)注册会计师未能就管理层认可并理解其责任,与管理层达成一致意见。

提 示 窗

承接审计业务考量注册会计师的职业道德和所要承担的风险,关系到会计师事务所和注册会计师的生存与发展。

任务设计案例

设计目的:明确审计业务的承接条件。

案例资料:甲上市公司为弥补20××年第一季度流动资金不足,拟向银行申请一笔短期借款,银行要求其出具一份20××年度的简要财务报表(包括20××年12月31日的简要资产负债表和20××年度的简要利润表)的审计报告。甲上市公司委托乙会计师事务所承接该业务,并出具相应的审计报告,乙会计师事务所派注册会计师史××担任该项业务的项目负责人。在实施该项业务时,史××考虑到审计资源不足,借调了甲上市公司设计内部控制的一名员工作为审计项目组成员,并由其负责风险评估中的了解内部控制工作。

设计要求:就以下问题分组进行讨论。

(1)当拟鉴证业务具备哪些特征时,乙会计师事务所才能承接?

(2)指出乙会计师事务所在业务执行过程中的不合理之处,并简要说明理由。

任务二　审计业务约定书的签订

任务扫描

确定委托审计项目,签订审计业务约定书。

知识准备

一、审计业务约定书的含义

审计业务约定书是指会计师事务所与客户签订的,用于记录和确认审计业务的委托与受托关系、审计工作的目标和范围、双方的责任及出具报告的形式等事项的书面合同。

提示窗

审计业务约定书应由会计师事务所和审计委托人双方的法定代表人或其授权人共同签订,并加盖审计委托人和会计师事务所的印章。签订后的审计业务约定书具有法定约束力,具有其他根据《中华人民共和国合同法》签订的经济合同一样(同等)的法律效力,成为委托人和受托人双方之间在法律上的生效契约。

二、审计业务约定书的主要内容

(1)财务报表审计的目标与范围。财务报表审计的目标是指注册会计师通过执行审计工作,对财务报表是否在所有重大方面按照适用的会计准则编制,是否公允反映被审计单位的财务状况、经营成果和现金流量发表审计意见。财务报表审计的范围是指为实现财务报表审计目标,注册会计师根据审计准则和职业判断实施恰当审计程序的总和。

(2)注册会计师的责任。按照《中国注册会计师审计准则》的规定,对财务报表发表审计意见是注册会计师的责任。

(3)管理层的责任。在被审计单位治理层的监督下,按照适用的会计准则编制财务报表是被审计单位管理层的责任。具体包括:①按照适用的财务报告编制基础编制财务报表,并使其实现公允反映;②设计、执行和维护必要的内部控制,以使财务报表不存在由于舞弊或错误导致的重大错报;③向注册会计师提供必要的工作条件,包括允许注册会计师接触与编制财务报表相关的所有信息(如记录、文件和其他事项),向注册会计师提供审计所需的其他信息,允许注册会计师在获取审计证据时不受限制地接触其认为必要的内部人员。财务报表审计不能减轻被审计单位管理层和治理层的责任。

(4)指出用于编制财务报表适用的财务报告编制基础。

(5)提及注册会计师拟出具的审计报告的预期形式和内容,以及对在特定情况下出具的审计报告可能不同于预期形式和内容的说明。

任务设计案例

设计目的:明确审计业务约定书的内容,掌握签订方法。

案例资料:甲上市公司为弥补20××年第一季度流动资金不足,拟向银行申请一笔短期借款,银行要求其出具一份20××年度的简要财务报表(包括20××年12月31日的简要资产负债表和20××年度的简要利润表)的审计报告。甲上市公司委托乙会计师事务所承接该业务,并出具相应的审计报告。乙会计师事务所经对甲上市公司内部控制的初步了解,决定派史××、朱××两名注册会计师承接该项业务。

设计要求:分组扮演项目合伙人,根据会计师事务所的要求,就审计业务约定书的有关条款提出初步意见,并草拟审计业务约定书。

项目三

审计工作的计划

- 掌握重要性水平的确定。
- 明确审计风险的构成要素及相互关系。
- 理解重要性和审计风险的相互关系。
- 明确审计计划的主要内容。
- 掌握审计计划的编制方法。

项目导航

　　注册会计师应当为审计工作制订审计计划。在编制审计计划的过程中,需要做出很多关键的决策,包括确定重要性水平和可接受的审计风险水平、时间安排、配置项目人员等。注册会计师应在了解被审计单位及其环境的基础上,从财务报表使用者的角度,确定一个可接受的重要性水平,即首先为财务报表层次确定重要性水平,以发现在金额上的重大错报。同时,注册会计师应当评估各类交易账户余额及列报认定层次的重要性,以便确定进一步审计程序的性质、时间和范围,将审计风险降至可接受的低水平。

　　本项目的学习内容主要包括:一是正确理解审计重要性含义以及审计风险的构成要素和相互关系,引导学生掌握审计重要性水平的确定;二是理解重要性和审计风险关系,掌握审计风险模型的运用;三是明确总体审计策略和具体审计计划的内容,掌握审计计划的内容及编制方法。

任务一　重要性水平的确定

任务扫描

明确重要性的主要内容,掌握重要性水平的确定。

知识准备

一、重要性的含义

重要性取决于在具体环境下对错报金额和性质的判断。如果一项错报单独或连同其他错报可能影响财务报表使用者依据财务报表作出的经济决策,则该项错报是重大的。这里的错报含漏报,包括财务报表内列示的错报和财务报表附注披露的错报。

为了更清楚地理解重要性的概念,需要注意以下四点。

第一,重要性的确定要考虑数量和性质两个方面。

(1)数量方面是指错报的金额。一般而言,金额大的错报比金额小的错报更重要。小额错报如果经常发生,其对报表的累计影响可能重大,或者许多交易或账户存在小额错报,其对报表合计影响可能重大。

(2)性质方面是指错报的性质。在有些情况下,某些错报从数量上看并不重要;但从性质上考虑,则可能是重要的。对于某些财务报表附注披露的错报,难以从数量上判断是否重要,应从性质上考虑其是否重要。例如,错报对遵守法律法规要求的影响程度,错报对遵守监管要求的影响程度,错报对遵守债务契约或其他合同要求的影响程度,错报掩盖收益或其他趋势变化的程度(尤其在联系宏观经济背景和行业状况进行考虑时),错报对用于评价被审计单位财务状况、经营成果或现金流量的有关比率的影响程度,错报对增加管理层报酬的影响程度,错报对某些报表项目之间错误分类的影响程度,这些错误分类影响到财务报表中应单独列报的项目。

第二,重要性概念是针对财务报表使用者决策的信息需求而言的。

判断一项错报重要与否,应视其对财务报表使用者依据财务报表作出经济决策的影响程度而定。如果财务报表中的某项错报足以改变或影响财务报表使用者的相关决策,则该项错报就是重要的,否则就不重要。财务报表使用者是具有一定的理解能力并能理性地做出相关决策的信息需求者。

第三,重要性的确定离不开具体环境。

由于不同的被审计单位面临不同的环境,不同的报表使用者有着不同的信息需求,因此注册会计师确定的重要性也不相同。某一金额的错报对某被审计单位的财务报表来说是重要的,而对另一个被审计单位的财务报表来说可能不重要。例如,错报8万元对一个小公司来说可能是重要的,而对一个大公司来说则可能不重要。

第四,重要性的确定需要运用职业判断。

影响重要性的因素很多,不同的注册会计师在确定同一被审计单位的重要性水平时,得出的结果可能不同,主要是因为对影响重要性的各因素的判断存在差异。因此,注册会计师应当根据被审计单位面临的环境,综合考虑其他因素,运用职业判断来合理确定重要性水平。

二、重要性的层次

重要性的层次包括财务报表层次的重要性水平和认定层次的重要性水平。

财务报表层次的重要性水平即总体重要性水平。财务报表审计的目标是注册会计师在审计工作的基础上对财务报表发表审计意见,因此注册会计师应当考虑财务报表层次的重要性。只有这样,才能得出财务报表是否公允反映的结论。

由于财务报表提供的信息来源于各类交易、账户余额、列报信息,只有通过对各类交易、账户余额、列报认定实施审计,才能对财务报表整体是否不存在重大错报得出结论。然而,只根据财务报表层次的重要性水平无法计划各个具体项目的审计,因此注册会计师还需要考虑各类交易、账户余额、列报认定层次的重要性水平。

各类交易、账户余额、列报认定层次的重要性水平也称可容忍错报,它是在不导致财务报表存在重大错报的情况下,注册会计师对各类交易、账户余额、列报确定的可接受的最大错报。

确定认定层次重要性水平时需考虑如下因素。

(1)各类交易、账户余额、列报认定层次的重要性水平与财务报表层次重要性水平的关系。一般而言,前者每一项不应超过后者,前者总和不能超过后者的两倍。

(2)各类交易、账户余额、列报审计的难易程度。对那些审计难度大的项目,确定高一些可容忍错报,以降低审计成本。

(3)各类交易、账户余额、列报发生错报的可能性。对那些发生错报可能性较大的项目,确定高一些可容忍错报,以降低审计成本。

(4)各类交易、账户余额、列报受关注的程度。对那些受到高度关注的项目,确定低一些可容忍错报,以保证审计质量。如果认为流动性较高的项目出现较小金额的错报就会影响报表使用者的决策,注册会计师应当对此从严确定重要性水平。

提示窗

> 由于可容忍错报对审计证据的充分性有直接影响,因此注册会计师应当合理确定可容忍错报。

三、实际执行的重要性

实际执行的重要性,是指注册会计师确定的低于财务报表整体的重要性的一个或多个金额,旨在将未更正和未发现错报的汇总数超过财务报表整体的重要性的可能性降至适当的低水平。

(一) 确定实际执行的重要性的影响因素

确定实际执行的重要性应考虑的因素如下:

(1)对被审计单位的了解(这些了解在实施风险评估程序的过程中得到更新);

(2)前期审计工作中识别出的错报的性质和范围;

(3)根据前期识别出的错报对本期错报作出的预期。

(二) 实际执行的重要性水平的经验值

实际执行的重要性水平通常为财务报表整体重要性水平的50%~75%。

接近财务报表整体重要性50%的情况如下:

(1)首次接受委托的审计项目非连续审计;

(2)连续审计项目,以前年度审计调整较多;

(3)项目总体风险较高,如处于高风险行业、管理层能力欠缺、面临较大市场竞争压力或业绩压力等;

(4)存在或预期存在值得关注的内部控制缺陷。

接近财务报表整体重要性75%的情况如下:

(1)连续审计项目,以前年度审计调整较少;

(2)项目总体风险较低,为低到中等,如处于非高风险行业、管理层有足够的能力、面临较低的业绩压力等;

(3)以前期间的审计经验表明内部控制运行有效。

四、对计划阶段确定的重要性水平的调整

审计重要性的确定是一个过程,在审计执行阶段,随着审计工作的推进,注册会计师应当及时评价计划阶段确定的重要性水平是否仍然合理,并根据具体环境的变化或在审计执行过程中进一步获取信息修正计划的重要性水平,进而修改进一步审计程序

的性质、时间和范围。

任务设计案例

设计目的：掌握重要性水平的确定。

案例资料：注册会计师对 A 公司 20××年度财务报表进行审计，其未经审计的有关财务报表项目金额见表 2-3-1。

表 2-3-1　资产负债表

20××年 12 月 31 日　　　　　　　　　　　　　　　　　　　　　　　　单位：元

资产	金额	负债及所有者权益	金额
货币资金	40 000	应付账款	1 500 000
应收账款	920 000	长期借款	100 000
存货	1 300 000	实收资本	1 000 000
固定资产	840 000	盈余公积	500 000
合计	3 100 000	合计	3 100 000

A 公司受 20××年宏观环境的影响，产品销售与盈利水平受到很大的影响，但总资产比较稳定。部分汇总的财务数据见表 2-3-2。

表 2-3-2　部分财务数据表

单位：元

项目	金额
资产总额	3 100 000
净资产	1 500 000
营业收入	420 000
净利润	42 120

设计要求：将全班同学分成若干小组，每组推选 1 名同学担任组长，各组成员分别完成下列计算，并分析理由。

（1）如以资产总额、净资产、营业收入和净利润作为基准，百分比分别为资产总额、净资产、营业收入和净利润的 0.5%、1%、0.5%和 5%，计算确定 A 公司 20××年度财务报表层次的重要性水平（请列示计算过程），并简要说明理由。

（2）运用职业判断确定各报表项目的重要性水平，说明理由。

任务二　审计风险评估

任务扫描

明确审计风险的构成要素,掌握审计风险模型并能正确运用。

知识准备

一、审计风险的含义

审计风险是指被审计单位的财务报表存在重大错报,而注册会计师审计后发表不恰当审计意见的可能性。注册会计师审计意见的合理保证与审计风险互补,即审计风险与合理保证之和应等于100%。如果注册会计师可接受的低风险水平是1%,也就意味着注册会计师对财务报表不存在重大错报获取的合理保证是99%。

提示窗

> 合理保证意味着审计风险始终存在,但审计活动是一种保证程度较高的鉴证工作,注册会计师只有将审计风险降至可接受的低水平,才能够合理保证所审计财务报表不含有重大错报。

二、审计风险的模型

审计风险取决于重大错报风险和检查风险。现代审计风险公式如下:

$$审计风险 = 重大错报风险 \times 检查风险$$

(一)重大错报风险

重大错报风险是指财务报表在审计前存在重大错报的可能性。重大错报风险是客观存在的,是注册会计师无法控制但可以评估的风险。在设计审计程序以确定财务报表整体是否存在重大错报时,注册会计师需要从下面两个层次考虑重大错报风险。

1.财务报表层次重大错报风险

财务报表层次重大错报风险对财务报表整体产生广泛影响,可能影响多项认定。此类风险通常与控制环境有关,如管理层缺乏诚信、治理层形同虚设等;也可能与其他因素有关,如经济萧条、企业所处行业处于衰退期。此类风险难以限于某类交易、账户余额、列报的具体认定,并与由舞弊引起的风险特别相关。

2.认定层次重大错报风险

各类交易、账户余额、列报认定层次重大错报风险,与特定的某类交易、账户余额、列报的认定相关。注册会计师应当评估认定层次的重大错报风险,并根据既定的审计风险水平和评估的认定层次重大错报风险确定可接受的检查风险水平,以便于针对认定层次计划和实施进一步审计程序。

认定层次的重大错报风险包括固有风险和控制风险。其中,固有风险是指假定不存在相关的内部控制,某一认定存在重大错报的可能性。例如,没有设立复核控制,会计人员在记录金额时多写了一个零(计价认定)。控制风险是指某一认定存在重大错报,而未能被相关控制防止或发现并纠正的可能性。例如,记录的金额多写了一个零却没有被复核人员发现。由于控制的固有局限性,某种程序的控制风险始终存在。

(二)检查风险

检查风险是指某一认定存在重大错报,但注册会计师没有发现这种错报的可能性。例如,记录金额时多写了一个零,复核人员复核时没有发现,注册会计师审计时也未能发现。

检查风险取决于审计程序设计的合理性和执行的有效性。检查风险不可能降低为零,其原因主要有两点:一是注册会计师通常并不对所有的交易、账户余额和列报进行检查;二是注册会计师可能选择了不恰当的审计程序,或是审计程序执行不当,或是错误理解了审计结论。

从审计风险模型看出,在既定的审计风险水平下,可接受的检查风险水平与认定层次重大错报风险的评估结果呈反向变动关系。评估的重大错报风险越高,可接受的检查风险水平越低;评估的重大错报风险越低,可接受的检查风险水平越高。

假设针对某一认定,注册会计师确定可接受的审计风险水平为3%,注册会计师实施风险评估程序后将重大错报风险评估为20%,则根据审计风险模型,可接受的检查风险为15%。

任务设计案例

设计目的:掌握审计风险模型的运用。

案例资料:20××年1月15日,注册会计师王×对被审计单位B公司的存货进行审计时,面临的可接受的审计风险和存货存在的认定重大错报风险水平,可能出现四种情形(见表2-3-3)。

表 2-3-3 可接受风险的四种情形

风险类别	情形一	情形二	情形三	情形四
可接受的审计风险	3%	3%	2%	2%
重大错报风险	100%	50%	100%	50%
可接受的检查风险				

设计要求:将全班同学分成若干小组,每组推选 1 名同学担任组长,各组成员分别完成计算并填表 2-3-3,并分析在哪种情况下注册会计师王×需要获取最多的审计证据,同时说明理由。

任务三　审计计划的编制

任务扫描

明确审计计划的主要内容,掌握审计计划的编制方法。

知识准备

一、审计计划的含义

审计计划工作是一个持续的、不断修正的过程,贯穿整个审计过程。在此过程中,注册会计师需要作出很多关键决策,包括确定可接受的审计风险和重要性水平,评估各类交易、账户余额和列报的重大错报风险等。随着审计工作的推进,注册会计师可能发现需要对已制订的相关计划进行相应的更新和修改,如对重要性水平的修改,对某类交易、账户余额和列报的重大错报风险评估的修改等。注册会计师应根据实际情况及时修正和更新审计计划。审计计划包括总体审计策略和具体审计计划两个层次。制订与实施审计计划,可以保证审计工作以有效的方式得到执行,以将审计风险降至可接受的低水平。

二、总体审计策略

总体审计策略用以确定审计范围、时间和方向,并指导制订具体的审计计划。总体审计策略的主要内容包括审计范围、审计业务时间安排、审计方向和审计资源。

(一)审计范围

在确定审计工作范围时,注册会计师需要考虑下列情况:

（1）被审计单位编制财务报表适用的会计准则和相关会计制度；

（2）特定行业的报告要求，如监管部门发布的有关财务报告信息披露的法规；

（3）预期的审计工作涵盖范围，包括所审计的集团内各组成部分的数量及所在地点；

（4）内部审计工作的可利用性及对内部审计工作的拟依赖程度；

（5）信息技术对审计程序的影响，包括数据的可获得性和预期使用计算机辅助审计技术的情况；

（6）预期利用在以前期间审计工作中获取的审计证据的程度，如获取的与风险评估程序和控制测试相关的审计证据；

（7）被审单位的人员和相关数据的可利用性。

（二）审计业务时间安排

在确定审计业务时间安排时，注册会计师需要考虑下列情况：

（1）被审计单位提交财务报告的时间表；

（2）与管理层和治理层就审计工作的性质、时间和范围所举行的会议的组织工作；

（3）与管理层和治理层讨论预期签发报告和其他沟通文件的类型及提交时间；

（4）项目组成员之间预期沟通的时间安排、复核工作的时间安排；

（5）与前任注册会计师沟通的时间安排；

（6）与对集团内各组成部分执行审计的其他注册会计师沟通的时间安排。

（三）审计方向

在确定审计方向时，注册会计师需要考虑下列情况：

（1）确定适当的重要性水平；

（2）识别重大错报风险较高的审计领域；

（3）评估的财务报表层次的重大错报风险对指导、监督及复核的影响；

（4）项目时间预算；

（5）项目组成员的选择；

（6）以往审计中对内部控制运行有效性评价的结果，以及管理层重视设计和实施健全的内部控制的相关证据；

（7）业务交易量规模；

（8）影响被审计单位经营的重大变化，包括信息技术和业务流程的变化，关键管理人员变化，以及收购、兼并和分立的情况；

（9）重大的行业发展情况，如行业法规变化；

（10）会计准则及会计制度的变化；

（11）其他重大变化，如影响被审计单位的法律环境的变化。

(四) 审计资源

在调配审计资源时,注册会计师需要考虑这些情况:

(1)项目组人员的选择;

(2)向具体审计领域分配资源的数量;

(3)何时调配这些资源;

(4)如何管理、指导、监督这些资源的利用。

提示窗

(1)总体审计策略的详略程度因被审计单位的规模及该项审计业务的复杂程度而异。例如,在小型被审计单位的审计中,总体审计策略可以相对简单。

(2)虽然编制总体审计策略的过程通常在具体审计计划之前,但是两项计划活动并不是孤立、不连续的进程。注册会计师将制订总体审计策略与具体审计计划相结合进行,可能会使审计工作更有效率。在实务中,注册会计师可以采用将总体审计策略和具体审计计划合并为一份审计计划文件的方式,提高编制及复核工作的效率并增强其效果。

三、具体审计计划

具体审计计划比总体审计策略更加详细,其内容包括项目组成员拟实施的审计程序的性质、时间和范围。具体审计计划见表2-3-4。

表2-3-4 具体审计计划

一、风险评估程序
1.了解被审计单位及其环境(不包括内部控制)
1.1 了解被审计单位行业状况、法律环境与监管环境以及其他外部因素
1.2 了解被审计单位的性质
1.3 了解被审计单位会计政策的选择和运用
1.4 了解被审计单位的目标、战略及相关经营风险
1.5 了解被审计单位财务业绩的衡量和评价
2.了解被审计单位内部控制
2.1 在被审计单位整体层面了解和评价内部控制
2.2 在被审计单位业务流程层面了解和评价内部控制
3.项目组讨论

二、计划实施的进一步审计程序
1.重要账户或列报的计划总体方案(综合性方案或实质性方案)
2.进一步审计程序(单独编制一套包括具体程序的"进一步审计程序表")
三、计划实施的其他审计程序

(一)风险评估程序

为达到编制具体审计计划的要求,注册会计师首先完成如前所述的风险评估程序,识别和评估重大错报风险,并针对评估认定层次的重大错报风险,计划实施进一步审计程序的性质、时间和范围。

(二)计划实施的进一步审计程序

进一步审计程序的计划包括对各类交易、账户余额和列报实施的具体审计程序的性质、时间和范围。

进一步审计程序分为进一步审计程序总体方案和拟实施的具体审计程序两个层次。进一步审计程序总体方案包括实质性方案和综合性方案。具体审计程序则是对进一步审计程序总体方案的延伸和细化,通常包括控制测试和实质性程序的性质、时间和范围。在实务中,注册会计师通常单独编制一套包括具体程序的"进一步审计程序表"来体现。

(三)计划实施的其他审计程序

计划实施的其他审计程序一般包括上述计划实施的进一步审计程序中没有涵盖的、根据其他审计准则的要求注册会计师应当执行的既定程序。例如,有些被审计单位涉及环境事项、电子商务等,注册会计师在实务中应根据被审计单位的具体情况确定特定项目并执行相应的审计程序。

任务设计案例

设计目的:掌握审计策略的制订。

案例资料:E 会计师事务所的注册会计师陈×和周×接受指派,对 F 股份有限公司(以下简称 F 公司)20××年度会计报表进行审计,现正在编制具体审计计划。根据 F 公司的具体情况和审计质量控制的要求,E 会计师事务所要求注册会计师将 F 公司年度报表审计业务的可接受审计风险水平控制在 5%。假设规定 10%(含)以下的风险水平为低水平,10%~40%(含)的风险水平为中等水平,超过 40%的风险水平为高水平。

在编制 F 公司年度报表审计业务的具体审计计划时,为确定会计报表各主要项目的实质性测试程序,陈×和周×根据以往经验和控制测试结果,分别确定了各类交易、余额的固有风险和控制风险水平。其中部分账户的情况,见表 2-3-5。

表 2-3-5　部分项目的固有风险和控制风险

风险要素	应收账款	固定资产	存货	短期借款
固有风险	20%	30%	30%	55%
控制风险	25%	90%	40%	80%

设计要求：

（1）针对上述资料，请代陈×和周×确定各报表项目的审计风险水平，进而运用审计风险模型计算公司上述报表项目的可接受检查风险水平，列示计算过程（计算结果保留至小数点后 1 位）。

（2）根据以上风险评估结果，请代陈×和周×确定表 2-3-6 所列各项目的进一步审计程序的总体方案、实施程序的主要时间和所需审计证据的数量。其中，对于实施程序的主要时间，请写明报表日、报表日前或报表日后；对于所需证据的数量，按较多、较少或适中填写。

表 2-3-6　进一步审计程序表

报表项目	进一步审计程序的总体方案	实施程序的主要时间	所需证据的数量
应收账款			
固定资产			
存货			
短期借款			

项目四

风险评估程序的实施

学习目标

● 明确风险评估的一般程序。
● 明确被审计单位及其环境的主要内容。
● 了解和掌握被审计单位内部控制的要素。
● 掌握对重要交易流程的内部控制了解和记录的方法。
● 掌握识别和评估重大错报风险的方法。

项目导航

  风险导向审计是目前审计方法的主流和方向,它要求注册会计师评估财务报表重大错报风险,设计和实施进一步审计程序以应对评估的错报风险,以便将审计风险降至可接受的低水平。因此,注册会计师应通过实施风险评估程序,了解被审计单位及其环境,识别和评估报表层次和认定层次的重大错报风险。

  本项目的学习,要求根据风险评估程序的工作过程,体会风险评估程序实施的目标,提高对风险评估程序重要性的认识,掌握风险评估的方法,明确被审计单位及其环境以及内部控制的内容,区别财务报表层次和认定层次的重大错报风险,掌握重大错报风险评估的程序和方法。

任务一　被审计单位及其环境

任务扫描

  明确风险评估程序的意义和方法,明确并掌握被审计单位及其环境的主要内容。

48

一、风险评估的意义

注册会计师应当了解被审计单位及其环境,以充分识别和评估财务报表重大错报风险,设计和实施进一步审计程序,特别是为注册会计师在下列关键环节作出职业判断提供重要基础。

(1)确定重要性水平,并随着审计工作的进程评估对重要性水平的判断是否仍然适当。

(2)考虑会计政策的选择和运用是否恰当,以及财务报表的列报是否适当。

(3)识别需要特别考虑的领域,包括关联方交易的合理性等。

(4)确定实施分析程序时所使用的预期值。

(5)设计和实施进一步审计程序,以将审计风险降至可接受的低水平。

(6)评价所获取的审计证据的充分性和适当性。

了解被审计单位及其环境是一个连续和动态地收集、更新与分析信息的过程,贯穿整个审计过程的始终。如果了解被审计单位及其环境获得的信息足以识别和评估财务报表的重大错报风险,设计和实施进一步审计程序,那么了解的程度就是恰当的。

二、风险评估的程序

风险评估的程序是指注册会计师为了解被审计单位及其环境,以识别和评估财务报表层次和认定层次的重大错报风险而实施的审计程序。

注册会计师应当实施"询问被审计单位管理层和内部其他相关人员""实施分析程序"以及"观察和检查"等风险评估程序,了解被审计单位及其环境。

询问被审计单位管理层和内部其他相关人员是注册会计师了解被审计单位及其环境的一个重要信息来源。注册会计师可以考虑向管理层和财务负责人询问下列事项:

(1)管理层所关注的主要问题;

(2)被审计单位最近的财务状况、经营成果和现金流量;

(3)可能影响财务报告的交易和事项,或者目前发生的重大会计处理问题;

(4)被审计单位发生的其他重要变化。

注册会计师通过询问获取的大部分信息来自管理层和负责财务报告的人员。注册会计师也可以通过询问被审计单位内部的其他不同层级的人员(如内部审计人员、采购人员、生产人员、销售人员等)获取信息,或为识别重大错报风险提供不同的视角。

实施分析程序是指注册会计师通过研究不同财务数据之间以及财务数据与非财务数据之间的内在关系,对财务信息作出评价。分析程序还包括调查识别出的与其他相关信息不一致或与预期数据严重偏离的波动和关系。

分析程序既可用于风险评估程序和实质性程序,也可用于对财务报表的总体复核,这里主要说明在了解被审计单位及其环境并评估重大错报风险时使用的分析程序,即将分析程序用于风险评估程序。

在实施分析程序时,注册会计师应当预期可能存在的合理关系,并与被审计单位记录的金额、依据记录金额计算的比率或趋势相比较。如果发现异常或未预期到的关系,注册会计师应当在识别重大错报风险时比较这些结果。

观察和检查程序可以支持对管理层和其他相关人员的询问结果,并可以提供有关被审计单位及其环境的信息。注册会计师应当实施观察和检查程序:观察被审计单位的经营活动,检查文件、记录和内部控制手册,阅读由管理层和治理层编制的报告,实地察看被审计单位的生产经营场所和厂房设备,追踪交易在财务报告信息系统中的处理过程(穿行测试)。

另外,除了采用上述程序从被审计单位内部获取信息以外,阅读外部信息也可能有助于注册会计师了解被审计单位及其环境。外部信息包括证券分析师、银行、评级机构出具的有关被审计单位及其所处行业的经济或市场环境等状况的报告,贸易与经济方面的期刊,法规或金融出版物,以及政府部门或民间组织发布的行业报告和统计数据等。

任务设计案例

设计目的:掌握内部控制评审的方法。

案例资料:甲会计师事务所接受乙公司董事会委托,对乙公司内部控制进行审核时发现以下情况。

(1)乙公司为统一财务管理,提高会计核算水平,设置内部审计部,与财务部一并由财务总监兼管。内部审计部的主要职责是对公司内部控制的健全、有效,会计及相关信息的真实、合法、完整,资产的安全、完整,经营绩效及经营合规性进行检查、监督和评价。

(2)丙职员在核对商品装运凭证和相应的经批准的销售单后,开具销售发票。具体程序为:根据已授权批准的商品价目表填写销售发票的金额,根据商品装运凭证上的数量填写销售发票的数量;销售发票的其中一联交财务部丁职员据以登记与销售业务相关的总账和明细账。

(3)为加强在建工程项目的管理,要求审批人根据工程项目相关业务授权批准制度的规定,在授权范围内进行审批,不得超过审批权限。经办人在职责范围内,按照审批人的批准意见办理工程项目业务。对于审批人超越授权范围审批的工程项目业务,经办人虽无权拒绝办理,但在办理后,应及时向审批人的上级授权部门报告。

设计要求:将全班同学分成若干小组,每组推选 1 名同学担任组长,各组成员分别根据上述资料指出乙公司内部控制在设计与运行方面的缺陷并简要说明理由。

任务二 被审计单位的内部控制

任务扫描

明确内部控制的要素,掌握评价内部控制的方法。

○ **知识准备**

一、内部控制的意义及其固有局限性

内部控制是指被审计单位为了合理保证财务报告的可靠性、经营的效率和效果以及对法律法规的遵守,由治理层、管理层和其他人员设计与执行的政策及程序。被审计单位只能设计和实施能为公司财务报表的公允表达提供合理保证的内部控制,而不能提供绝对的保证。注册会计师在对内部控制进行审计时,应当保持应有的职业谨慎,充分关注内部控制的固有的局限性:

(1)在决策时人为判断可能出现错误和由于人为错误而导致内部控制失效;

(2)控制可能由于两个或更多的人员串通或管理层不当地凌驾于内部控制之上而被规避。

此外,如果被审计单位内部行使控制职能的人员的素质不适应岗位职责的要求,也会影响控制职能的正常发挥。被审计单位实施内部控制的成本效益问题也会影响其效能,当实施某项控制成本大于控制效果而发生损失时,就没有必要设置控制环节或控制措施。内部控制一般都是针对经常而重复发生的业务而设置的。如果出现不经常发生或未预计到的业务,原有控制就可能不适用。

二、对小型被审计单位的考虑

小型被审计单位拥有的员工通常较少,限制了其职责分离的程度。在小型被审计单位中,由于内部控制系统较为简单,业主兼经理更有可能凌驾于控制之上。注册会计师在识别由于舞弊导致的重大错报风险时需要考虑这一情况。

○ **任务设计案例**

设计目的:掌握内部控制审计的方法。

案例资料:甲锅炉厂有以下工作:批准物资采购的工作,执行物资采购的工作,对采购的物资进行验收的工作,物资保管和发放的工作,物资保管账的记录工作,物资明细账的记录工作,物资总分类账的记录工作,物资的定期清查工作,物资的账实核对工作,物资明细账和总账的核对工作。

设计要求:将全班同学分成若干小组,每组推选 1 名同学担任组长,各组成员根据上述资料逐项指出上述工作中,哪些是不相容职务,并说明理由。

项目五

进一步审计程序的实施

学 习 目 标

● 能针对评估的财务报表层次重大错报风险确定总体应对措施。

● 能针对评估的认定层次重大错报风险,设计和实施进一步审计程序。

● 掌握基本审计程序,获取审计证据并整理分析的方法。

● 掌握控制测试、细节测试中审计抽样方法的运用。

● 掌握审计工作底稿的编制、复核、归档的程序和方法。

项目导航

注册会计师应针对评估的重大错报风险确定总体应对措施,设计和实施进一步审计程序,以将审计风险降至可接受的低水平。

在进一步审计程序实施过程中,注册会计师应当获取充分、适当的审计证据,以得出合理的审计结论,作为形成审计意见的基础。因此,如何获取审计证据,运用哪种审计程序,如何确定已收集的证据是否充分适当,收集的审计证据如何支持审计意见,是本项目所要解决的问题。审计工作底稿在计划和执行审计工作中发挥着关键作用,它提供了审计工作实际执行情况的记录,并形成审计报告的基础。审计抽样旨在帮助注册会计师在合理的时间内以合理的成本完成审计工作,确定实施审计程序的范围,以获取充分、适当的审计证据。注册会计师在控制测试和细节测试中使用审计抽样方法。

本项目的学习,要求通过若干案例的分析,在初步掌握风险评估程序实施的基础上,学会设计和实施进一步审计程序;能运用基本审计方法收集审计证据,并对审计证据进行整理与分析;在控制测试和实质性程序的细节测试中,学会运用审计抽样方法;掌握审计工作底稿的编制与复核方法,以及审计档案的归档与保管的程序和方法,为以后的学习打下扎实的基础。

任务一　进一步审计程序的设计

任务扫描

（1）针对评估的财务报表层次重大错报风险确定总体应对措施。

（2）针对评估的认定层次重大错报风险设计和实施进一步审计程序。

知识准备

一、总体应对措施及其对拟实施进一步审计程序的总体审计方案的影响

在财务报表重大错报风险的评估过程中，如果识别的重大错报风险是与财务报表整体相关的，进而影响多项认定，则属于财务报表层次的重大错报风险。这时，注册会计师就应当针对评估的财务报表层次重大错报风险确定总体应对措施。如果识别的重大错报风险是与特定的某类交易、账户余额和披露的认定相关的，则属于认定层次重大错报风险。这时，注册会计师要针对评估的认定层次重大错报风险设计和实施进一步审计程序，包括控制测试和实质性程序。

注册会计师评估的财务报表层次重大错报风险以及采取的总体应对措施，对拟实施进一步审计程序的总体审计方案有重大影响。拟实施进一步审计程序的总体审计方案包括实质性方案和综合性方案。其中，实质性方案是指注册会计师实施的进一步审计程序以实质性程序为主使用；综合性方案是指注册会计师在实施进一步审计程序时，将控制测试和实质性程序结合使用。当评估的财务报表层次的重大错误风险属于高风险水平时，拟实施进一步审计程序的总体审计方案倾向于实质性方案。

二、设计进一步审计程序时的考虑因素

注册会计师应当针对评估的认定层次重大错报风险设计和实施进一步审计程序，包括审计程序的性质、时间安排和范围。

注册会计师设计和实施的进一步审计程序的性质、时间安排和范围要求应当与评估的认定层次重大错报风险具有明确的对应关系，要有针对性，以达到有效配置审计资源，提高审计效率和效果的目的。

设计进一步审计程序时考虑的因素如下：

（1）风险的重要性；

（2）重大错报发生的可能性；

（3）涉及的各类交易、账户余额和列报;

（4）注册会计师是否拟获取审计证据,以确定内部控制在防止成发现并纠正重大错报方面的有效性。

三、确定进一步审计程序的性质、时间和范围

进一步审计程序的性质是指进一步审计程序的目的和类型。其中,进一步审计程序的目的包括通过实施控制测试以确定内部控制运行的有效性,通过实施实质性程序以发现认定层次的重大错报;进一步审计程序的类型包括检查、观察、询问、函证、重新计算、重新执行和分析程序。

注册会计师在确定进一步审计程序的性质时,一要考虑认定层次重大错报风险的评估结果,二要考虑评估的认定层次重大错报风险产生的原因。

进一步审计程序的时间是指注册会计师何时实施进一步审计程序,或审计证据适用的地点或时间。有关进一步审计程序的时间选择问题,主要集中在三个层面:如何权衡期中与期末实施审计程序的关系;如何权衡期中审计证据与期末审计证据的关系;如何权衡以前审计获取的审计证据与本期审计获取的审计证据的关系。这三个层面的最终落脚点都是如何确保获取审计证据的效率和效果。

注册会计师在确定何时实施审计程序时,应当考虑下列几项重要因素。

（1）控制环境。良好的控制环境可以抵消在期中实施进一步审计程序的局限性。

（2）何时能得到相关信息。如果某些控制活动仅在期中(或期中以前)发生,而之后可能难以再被观察到,这样,注册会计师若希望获取相关信息,就要选择考虑能够获取相关信息的时间。

（3）错报风险的性质。如果被审计单位为了保证盈利目标的实现,而在会计期末伪造销售合同以虚增收入,注册会计师就应选择在期末(资产负债表日)这个特定时点获取被审计单位截至期末所能提供的所有销售合同及相关资料,以防范被审计单位在资产负债表日后伪造销售合同以虚增收入。

（4）审计证据适用的期间或时点。注册会计师应当根据需要获取的特定审计证据确定何时实施进一步审计程序。例如,为了获取资产负债表日的存货余额证据,显然不宜在与资产负债表日间隔过长的期中时点或期末以后时点实施存货监盘等相关审计程序。

进一步审计程序的范围是指实施进一步审计程序的数量,包括抽取的样本量、对某项控制活动的观察次数等。

在确定进一步审计程序的范围时,注册会计师应当考虑下列因素。

（1）确定的重要性水平。确定的重要性水平越低,注册会计师实施进一步审计程序的范围就越广。

（2）评估的重大错报风险。评估的重大错报风险越高,对拟获取审计证据的相关性、可靠性的要求越高,注册会计师实施的进一步审计程序的范围就越广。

（3）计划获取的保证程度。计划获取的保证程度越高,对测试结果可靠性要求越高,注册会计师实施的进一步审计程序的范围就越广。

四、控制测试

控制测试是指用于评价内部控制在防止或发现并纠正认定层次重大错报方面的运行有效性的审计程序。控制测试的目的是测试控制运行的有效性。

提示窗

在了解控制是否得到执行时,注册会计师只需抽取少量的交易进行检查,或观察某几个时点。但是,在测试控制运行的有效性时,注册会计师需要抽取足够数量的交易进行检查或对多个不同时点进行观察。

控制测试并非在任何情况下都需要实施,当存在下列情形之一时,注册会计师应当实施控制测试:

（1）在评估认定层次重大错报风险时,预期控制的运行是有效的;
（2）仅实施实质性程序不足以提供认定层次充分、适当的审计证据。

五、实质性程序

实质性程序是指注册会计师针对评估的重大错报风险实施的直接用以发现认定层次重大错报的审计程序。

由于注册会计师对重大错报风险的评估是一种判断,可能无法充分识别所有的重大错报风险,并且由于内部控制存在固有局限性,无论评估的重大错报风险的结果如何,因此注册会计师应当针对所有重大的各类交易、账户余额、列报实施实质性程序。

实质性程序包括对各类交易、账户余额、列报的细节测试以及实质性分析程序,其目的是检查和确定在被审计单位的内部控制下所产生的会计资料的真实性和正确性,为编写审计报告收集更为确切的证据。

任务设计案例

设计目的:掌握控制测试的方法。

案例资料:××有限责任公司材料采购业务的内部控制如下:

（1）由供应科根据生产经营计划和公司材料库存情况,提出材料采购计划,经该公司总经理批准后,由财务科筹备采购资金,由供应科按计划组织采购;

（2）采购材料时，由供应科派人与供应单位签订订货合同，确定供应期限、品种、规格、质量、数量、单价、交货地以及货款结算方式等。

（3）公司设置专职材料保管员，保管库存材料。收到材料时，由材料保管员按合同规定验收，填制收料单，登记库存材料保管账，材料保管员须月末编制库存月报表，转交财务科，财务科据以核对材料明细账，财务科根据仓库转来的收料单及结算凭证，办理付款手续，并根据收料单和发票编制记账凭证，分别登记材料总账和材料明细账，并及时核对材料总账和材料明细账。月末盘点材料，填制材料盘点表，报经公司总经理审批后，按会计制度规定进行账务处理。

设计要求：将全班同学分成若干小组，每组推选 1 名同学担任组长，各组成员分别根据上述资料指出注册会计师应如何对其进行控制测试。

任务二　审计证据的获取

务扫描

（1）运用七种审计程序收集审计证据。

（2）对审计证据的充分性与适当性进行评价以支持审计意见。

知识准备

一、审计程序的种类

审计程序的种类包括检查、观察、询问、函证、重新执行、重新计算和分析程序。

（一）检查

检查是指注册会计师对被审计单位内部或外部生成的，以纸质、电子或其他介质形式存在的记录或文件进行审查，或对资产进行实物审查。

提示窗

> 检查记录或文件可以提供可靠程度不同的审计证据。审计证据的可靠性不仅取决于记录或文件的性质和来源，还取决于生成该记录或文件的内部控制的有效性。

（二）观察

观察是指注册会计师查看相关人员正在从事的活动或执行的程序。例如，对客户执行的存货盘点或控制活动进行的观察。

提示窗

> 观察提供的审计证据仅限于观察发生的时点，并且在相关人员已知被观察时相关人员从事活动或执行程序可能与日常的做法不同，从而影响注册会计师对真实情况的了解。因此，注册会计师有必要获取其他类型的佐证。

（三）询问

询问是指注册会计师以书面或口头方式，向被审计单位内部或外部的知情人员获取财务信息和非财务信息，并对答复进行评价的过程。一般而言，作为其他审计程序的补充，询问广泛运用于整个审计过程。

（四）函证

函证是指注册会计师直接从第三方（被询证者）获取书面答复以作为审计证据的过程。书面答复可以采用纸质、电子或其他介质等形式。函证有积极式函证和消极式函证两种方式。

（1）积极式函证。积极式函证要求被询证者对询问的事项无论是否与事实相符都必须给予回函答复。积极式函证适用于内部控制差、会计核算质量差、金额大、疑点多等情况。

（2）消极式函证。消极式函证要求被询证者只有在对询问的事项有异议时，才在限定的时间内给予复函。消极式函证一般适用于内部控制好、会计核算质量高、金额小、疑点少等情况。

询证函的收发均应由审计人员控制，不能委托被审计单位代办，以保证审计证据的可能简明扼要，便于对方答复。对于无法取得函证的事项，可以采用其他替代程序，以取得必要的审计证据。

（五）重新执行

重新执行是指注册会计师重新独立执行原本作为被审计单位内部控制组成部分的程序或控制。

提示窗

> 注册会计师利用被审计单位的银行存款日记账和对账单，重新编制银行存款余额调节表，并与被审计单位编制的银行存款余额进行比较，就属于重新执行。

（六）重新计算

重新计算是指注册会计师以人工方式或使用计算机辅助审计技术，对记录或文件中的数据计算的准确性进行核对。例如，计算销售发票和存货的总金额、加总日记账和明细账、检查折旧费用和预付费用的计算、检查应纳税额等。

（七）分析程序

分析程序是指注册会计师通过研究不同财务数据之间以及财务数据与非财务数据之间的内在关系，对财务信息作出评价。分析程序还包括调查已识别的与其他相关信息不一致或与预期数据严重偏离的波动和关系。

提示窗

> 注册会计师实施分析程序的目的：一是用于风险评估程序，以了解被审计单位及其环境；二是用于实质性程序，以减少细节测试的工作量，节约审计成本，降低审计风险，使审计工作更有效率和效果；三是在审计结束或临近结束时对财务报表进行总体复核。运用分析程序可以在已收集的审计证据的基础上，对财务报表整体的合理性作出最终把握。

分析程序常用的具体方法有比较分析法和比率分析法。

（1）比较分析法是通过将被审计单位某一具体项目与既定标准进行比较，寻找差异，发现问题，以获取审计证据的一种技术方法。相关标准有该项目的计划数、预算数、上期实际数或同行业标准等。比较分析法可比较绝对数，也可比较相对数。

（2）比率分析法是指通过对两个性质不同但又相关发现疑点，进一步查明原因的各种技术方法。例如，用于分析企业负债水平和偿债能力的资产负债率、流动比率、速动比率等方法。

二、审计证据的种类

审计证据是指注册会计师为了得出审计结论、形成审计意见而使用的所有信息。审计证据包括构成财务报表基础的会计记录所含有的信息和其他信息。

提示窗

> 会计记录中含有的信息一般包括对初始分录的记录和支持性记录，如支票、发票、总账、明细账等。可用作审计证据的其他信息包括被审计单位的会议记录、监盘存货获取存货存在的证据、注册会计师编制的各种计算表等。构成财务报表基础的会计记录中含有的信息和其他信息共同构成审计证据，两者缺一不可。

审计证据按其外形特征可分为实物证据、书面证据、口头证据和环境证据四大类。

（一）实物证据

实物证据是指在审计对象作为实物形态而存在的情况下，审计人员通过实际观察或清查盘点所获取的用以确定某些实物资产是否确实存在的证据。

提示窗

> 在通常情况下，实物证据被认为是最可靠的证据，具有很强的证明力，但实物资产的存在并不完全能证实被审计单位对其拥有所有权。对于取得实物证据的账面资产，还应就其所有权归属及其价值情况另行审计，收集另外的审计证据。

（二）书面证据

提示窗

> 在通常情况下，实物证据被认为是最可靠的证据，具有很强的证明力，但实物资产的存在并不完全能证实被审计单位对其拥有所有权。对于取得实物证据的账面资产，还应就其所有权归属及其价值情况另行审计，收集另外的审计证据。

书面证据是审计人员在审计过程中所获取的各种以书面文件为存在形式的证据。书面证据的可靠性取决于两个因素：一是证据本身是否容易被涂改或伪造。对于容易被涂改或伪造的书面证据，其可靠性差；二是书面证据的来源。通常而言，来自企业外部的书面证据比来自企业内部的书面证据的可靠程度高。

书面证据按其来源可以分为外部证据和内部证据两类，如图 2-5-1 所示。

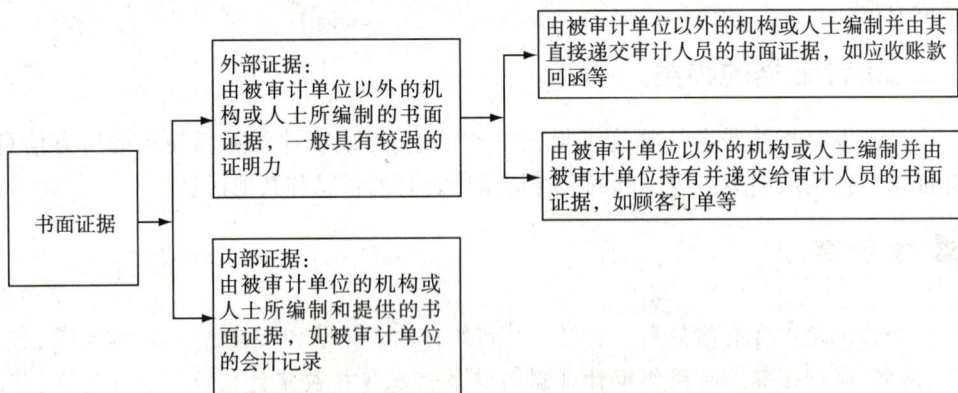

图 2-5-1　外部证据和内部证据

一般而言，内部证据不如外部证据可靠。审计人员在确认内部证据的可靠性时，应考虑两方面因素的影响：一是内部证据是否经过外部流转，并获得其他单位或个人的承认；二是被审计单位内部控制的优劣。

（三）口头证据

口头证据是由被审计单位职员或其他人员对审计人员的提问作口头答复所形成的审计证据。一般而言，口头证据本身并不足以证明事情的真相，但审计人员往往可以通过口头证据发掘出一些重要的线索，以搜集更为可靠的证据。

（四）环境证据

环境证据也称状况证据，是指对被审计单位产生影响的各种环境事实，包括有关企业内部控制情况、被审计单位管理人员的素质、各种管理条件和管理水平等。

三、审计证据的特征

审计证据的特征包括充分性和适当性。

（1）充分性是关于审计证据的数量特征，是指审计证据的数量足以使审计人员形成审计意见。

提示窗

　　审计证据的充分性主要与注册会计师确定的样本量有关。可以说，客观公正的审计意见必须建立在足够数量的审计证据的基础上，但这并不是说审计证据的数量可以无限制地增多。

（2）适当性是关于审计证据的质量特征，是指审计证据的相关性和可靠性。相关性是指审计证据应当与审计目标相关，如果取得的证据与审计目标没有关系，即使其说服力很强，也不能用以证明或否定被审计事项；可靠性是指审计证据应能如实反映客观事实。审计证据的可靠性受其来源、及时性和客观性的影响。

充分性和适当性是审计证据的两个重要特征，两者缺一不可，审计证据只有充分且适当，才具有证明力。另外，审计人员需要获取的审计证据的数量也受证据质量的影响，审计证据质量越高，所需的证据数量也就越少。

任务设计案例

设计目的：掌握审计证据的评价方法。

案例资料：注册会计师在审计过程中搜集到以下几组审计证据。

（1）银行询证函与银行对账单。

（2）注册会计师通过自行计算折旧额所取得的证据与被审计单位的累计折旧明细账的数据。

（3）银行对账单与发货单。

（4）律师询证函回函与注册会计师和律师交谈取得的证据。

（5）内部控制良好时形成的领料单与内部控制较差时形成的领料单。

（6）销售发票与收货单。

设计要求：将全班同学分成若干小组，每组推选 1 名同学担任组长，各组成员分别根据上述各组审计证据，说明每一组审计证据中哪个类型的审计证据更可靠，并说明理由。

任务三　审计抽样的实施

任务扫描

掌握审计抽样的基本理论，能熟练运用审计抽样技术。

知识准备

一、审计抽样的种类

审计抽样是指注册会计师对具有审计相关性的总体中低于 100% 的项目实施审计程序。

（一）按照决策依据分类

审计抽样按照其决策的依据不同，划分为统计抽样和非统计抽样。

（1）统计抽样。统计抽样是指审计人员运用数理统计方法确定样本及样本量，选择样本，并根据样本的审查结果来推断总体特征的一种审计抽样方法。

（2）非统计抽样。非统计抽样是指审计人员运用专业经验和主观判断来确定选取样本的一种审计抽样方法。

（二）按照目的分类

审计抽样按照其目的不同，划分为属性抽样和变量抽样。

（1）属性抽样。属性抽样是一种用来对总体中某事件发生率得出结论的统计抽样方法。属性抽样在审计中最常见的用途是测试某一设定控制的偏差率，以支持注册会计师所评估控制的有效性。

审计人员在进行控制测试时，通常采用发现抽样和属性估计抽样两种方法。

（2）变量抽样。变量抽样是一种用来对总体金额得出结论的统计抽样方法。变量抽样通常回答下列问题:金额是多少？账户是否存在错报？变量抽样在审计中的主要用途是进行细节测试,以确定记录金额是否合理。

审计人员在进行实质性程序中的细节测试时,通常采用传统变量抽样和概率比例规模抽样(简称 PPS 抽样)两种方法。

二、抽样风险与非抽样风险

(一)抽样风险

抽样风险是指注册会计师根据样本得出的结论,可能不同于如果对整个总体实施与样本相同的审计程序得出的结论的风险。抽样风险与样本量成反比,样本量越大,抽样风险越低。

审计人员在进行控制测试时,应关注以下抽样风险:

(1)信赖不足风险,即推断的控制有效性低于其实际有效性的风险,或者说,尽管样本结果不支持注册会计师计划信赖内部控制的程度,但实际偏差率支持该信赖程度的风险;

(2)信赖过度风险,即推断的控制有效性高于其实际有效性的风险,或者说,尽管样本结果支持注册会计师计划信赖内部控制的程度,但实际偏差率不支持该信赖程度的风险。

审计人员在进行细节测试时,应关注以下抽样风险:

(1)误拒风险,即注册会计师推断某一重大错报存在而实际上不存在的风险;

(2)误受风险,即注册会计师推断某一重大错报不存在而实际上存在的风险。

(二)非抽样风险

非抽样风险是指注册会计师由于任何与抽样风险无关的原因而得出错误结论的风险。非抽样风险产生的原因主要有以下几点:

(1)注册会计师选择的总体不适合测试目标;

(2)注册会计师未能适当地定义误差(包括控制偏差或错报);

(3)注册会计师选择了不适于实现特定目标的审计程序;

(4)注册会计师未能适当地评价审计发现的情况;

(5)其他原因。

三、控制测试中的审计抽样

控制测试中,审计抽样通常被称为属性抽样。属性抽样用于检查内部控制情况,它是通过对样本检查的结果,推断总体中某些特征或属性发生的频率或次数,借以评价客户的内部控制是否值得信赖并为实质性程序提供依据。

属性抽样主要有以下两种方法。

（1）发现抽样。发现抽样是在既定的可信赖程度下，在假定误差以既定的误差率存在于总体之中的情况下，至少查出一个误差的抽样方法。发现抽样主要用于搜查重大非法事件，它能够以极高的可信赖程度（如99.5%以上）确保查出误差率仅为0.5%~1%的误差。

（2）属性估计抽样。属性估计抽样用以估计被测试控制的偏差发生率，或控制未有效运行的频率。

四、细节测试中的审计抽样

细节测试中，审计抽样通常被称为变量抽样。它是通过对样本检查的结果，推断总体货币金额的统计抽样方法。在进行实质性程序的细节测试时，通常采用传统变量抽样和概率比例规模抽样（简称PPS抽样）两种方法。

这里主要介绍传统变量抽样法。

（1）均值估计抽样法。均值估计抽样法是指通过检查确定样本的平均值，再根据样本平均值推断总体的平均值和总值的方法。这种方法的适用范围十分广泛，无论被审计单位提供的数据是否完整、可靠，甚至在被审计单位缺乏基本的经济业务或事项账面记录的情况下，均可使用。

（2）比率估计抽样法。比率估计抽样法是指以样本的实际金额与账面金额之间的比率关系来估计总体实际金额与账面金额之间的比率关系，然后以此比率乘以总体的账面金额，从而求出估计的总体实际金额的一种抽样方法。

（3）差额估计抽样法。差额估计抽样法是指以样本实际金额与账面金额的平均差额来估计总体实际金额与账面金额的平均差额，然后以这个平均差额乘以总体规模，从而求出总体的实际金额与账面金额的差额（总体错报）的一种抽样方法。

任务设计案例

设计目的:掌握审计抽样技术的运用。

案例资料:××有限责任公司有2 000个应付账款明细账，其账面价值为5 000 000元，注册会计师采用随机选样法抽出200个项目作为样本审查，这些样本的账面价值为500 000元，经审查确定的实际价值为505 000元，设定所要求的可靠程度为95%，精确度为55 000元。

设计要求:将全班同学分成若干小组，每组推选1名同学担任组长，各组成员分别根据案例资料指出注册会计师应如何采用比率估计抽样法推断总体的正确值，并判断总体账面价值是否存在重大错误。

任务四　审计工作底稿的编制

任务扫描

　　掌握审计工作底稿的编制和复核方法,明确审计工作底稿归档和保管的相关工作规程。

知识准备

一、审计工作底稿的意义

　　审计工作底稿是指注册会计师对制订的审计计划、实施的审计程序、获取的相关审计证据以及提出的审计结论,以纸质、电子或其他介质形式存在作出的记录。审计工作底稿是审计证据的载体,是审计人员在审计过程中形成的审计工作记录和获取的资料。审计工作底稿形成于审计过程,也反映了整个审计过程。

　　审计工作底稿通常包括业务约定书、总体审计策略、具体审计计划、分析表、项目组内部或项目组与被审计单位举行的会议记录、问题备忘录、重大事项概要、询证函回函、核对表、有关重大事项的往来邮件、被审计单位文件记录的摘要或复印件、管理建议书等。

二、编制审计工作底稿的总体要求

　　注册会计师编制的审计工作底稿,应当使得未曾接触该项审计工作的有经验的专业人士清楚地了解。按照审计准则的规定,实施审计程序的性质、时间和范围,实施审计程序的结果和获取的审计证据,就重大事项得出的审计结论。

　　具体而言,审计人员编制的审计工作底稿,应当内容完整、格式规范、标识一致、记录清晰、结论明确。对于由被审计单位、其他第三者提供或代为编制的审计工作底稿,审计人员必须注明资料来源并实施必要的审计程序,有关法律性文件的复印件应同原件核对一致。

三、审计工作底稿的格式、内容和范围的确定

　　审计人员在确定审计工作底稿的格式、内容和范围时,应考虑的因素有:一是拟实施审计程序的性质;二是已识别的重大错报风险;三是已获取审计证据的重要程度;四是已识别的例外事项的性质的范围;五是当从已执行审计工作或获取审计证据的记录

中不易确定结论或结论的基础时,记录结论或结论基础的必要性;六是使用的审计方法和工具。

四、审计工作底稿的复核

审计项目组应对审计工作底稿的复核,诸如有关复核人的级别、复核程序与要点、复核人的职责等作出明确的规定。

审计工作底稿复核时,项目组内部的复核可以由项目负责人执行,也可以由项目负责人委派项目组内经验较多的人员复核经验较少的人员执行的工作。项目负责人对复核工作负责。

会计师事务所应当对上市公司财务报表审计等特定业务实施项目质量控制复核。在出具审计报告前,会计师事务所应挑选不参与该业务的人员,对项目组作出的重大判断和在准备报告时形成的结论作出客观评价。对应当实施项目质量控制复核的特定业务,如果没有完成项目质量控制复核,不得出具审计报告。

复核审计工作底稿时,还需做好以下四项工作:

(1)做好复核记录;

(2)书面表示复核意见;

(3)复核人签名和签署日期,以划清审计责任,也有利于上级复核人对下级复核人的监督;

(4)督促编制人及时修改和完善审计工作底稿。

五、审计工作底稿的归档

审计档案按照使用期限的长短和作用的大小可分为永久性档案和当期档案两类。

(1)永久性档案是指那些记录内容相对稳定,具有长期使用价值,并对以后审计工作具有重要影响和直接作用的审计档案,如审计项目管理、被审计单位背景资料、法律事项资料等。

(2)当期档案是指那些记录内容经常变化,只供当期审计使用和下期审计参考的审计档案,如总体审计策略和具体审计计划等。

审计工作底稿的所有权属于承接该项业务的会计师事务所。

审计工作底稿的归档期限为审计报告日后的 60 天内。如果注册会计师未能完成审计业务,审计工作底稿的归档期限为审计业务中止后的 60 天内。

会计师事务所应当自审计报告日起,对审计工作底稿至少保存 10 年。如果注册会计师未能完成审计业务,会计师事务所应当自审计业务中止日起,对审计工作底稿至少保存 10 年。

任务设计案例

设计目的:掌握审计工作底稿的归档工作。

案例资料:注册会计师孙×负责对 ABC 公司 2015 年度财务报表进行审计。20××年 2 月 15 日,注册会计师孙×完成审计业务,并于 5 月 15 日将审计工作底稿归整为最终审计档案。20××年 5 月 20 日,注册会计师孙×意识到 ABC 公司存在舞弊案,擅自销毁了该公司审计工作底稿。

设计要求:将全班同学分成若干小组,每组推选 1 名同学担任组长,各组成员分别根据案例资料指出以下问题。

(1)注册会计师孙×在归整审计档案时是否存在问题,简要说明理由。

(2)在归整审计档案后,注册会计师孙×私下修改审计工作底稿是否存在问题,简要说明理由。

(3)会计师事务所在保存审计工作底稿方面是否存在问题,简要说明理由,并简要说明会计师事务所应当对审计工作底稿实施哪些控制程序。

项目六

销售与收款循环的审计

学习目标

● 了解销售与收款循环的内部控制。

● 掌握销售与收款循环控制测试的方法。

● 明确营业收入和应收账款的审计目标。

● 掌握营业收入和应收账款的实质性程序。

● 掌握销售与收款循环审计工作底稿的编制方法。

项目导航

根据财务报表项目与业务循环的相关程度,销售与收款循环涉及的资产负债表项目主要有应收票据、应收账款、长期应收账款、预收账款、应交税费,涉及的利润表项目主要有营业收入、营业税金及附加、销售费用。

本项目主要引导学生掌握销售与收款循环控制测试的方法,明确营业收入和应收账款的审计目标,掌握营业收入和应收账款的实质性程序,掌握销售与收款循环审计工作底稿的编制方法。

学生在学习时,要根据销售与收款循环审计的工作过程来体会审计的目标,理解对销售与收款循环实施控制测试和实质性程序的意义,掌握营业收入和应收账款的实质性程序,提高对销售与收款循环审计重要性的认识。

任务一　销售与收款循环的控制测试

明确销售与收款循环内部控制的内容,掌握销售与收款循环控制测试的程序和方法。

知识准备

一、销售与收款循环涉及的主要凭证与会计记录

销售与收款循环涉及的主要凭证与会计记录包括客户订购单、销售单、发运凭证、销售发票、商品价目表、贷项通知单、应收账款账龄分析表、应收账款明细账、主营业务收入明细账、折扣与折让明细账、汇款通知书、库存现金日记账、银行存款日记账、坏账审批表、客户月末对账单、转账凭证和收款凭证等。

二、销售与收款循环涉及的主要业务活动

销售与收款循环涉及的主要业务活动包括:接受客户订单,批准赊销信用,按销售单供货,按销售单装运货物,向客户开具账单,记录销售,办理和记录现金、银行存款收入,办理和记录销货退回、销货折扣与折让业务,注销坏账,提取坏账准备等。

(一)接受客户订单

客户提出订货要求是整个销售与收款循环的起点。从法律上讲,这是购买某种货物或接受某种劳务的一种申请。一般来说,企业管理层均列出了已批准销售的客户名单,销售单管理部门在决定是否接受某客户的订单时,应追查该客户是否被列入这张名单。如果客户未被列入,则通常需要由销售单管理部门的主管来决定是否同意销售。只有在符合企业管理层的授权标准时,才能接受客户订单。企业在批准了客户订单之后,通常应编制一式多联的销售单,销售单是证明管理层有关销售交易"发生"的认定凭据之一,也是此笔销售的交易轨迹的起点。

(二)批准赊销信用

对于赊销业务,批准赊销信用是由信用管理部门根据管理层的赊销政策,在每个客户的已授权的信用额度内进行的。信用管理部门的职员在收到销售单管理部门的销售单后,应将销售单与该客户已被授权的赊销信用额度以及至今尚欠的账款余额加以比

较。执行人工赊销信用检查时,应合理划分工作职责,以切实避免销售人员为扩大销售而使企业承受不适当的信用风险。

企业的信用管理部门应对每个新客户进行信用调查,包括获取信用评审机构对客户信用等级的评定报告。无论批准赊销与否,都要求被授权的信用管理部门人员在销售单上签署意见,然后将签署意见后的销售单返回订单管理部门。

（三）按销售单供货

企业管理层通常要求商品仓库只有在收到经过批准的销售单时才能按销售单供货。设计这项控制程序的目的是防止仓库在未经授权的情况下擅自发货。因此,已批准销售单的一联通常应送达仓库,作为仓库按销售单供货和发货给装运部门的授权依据。

（四）按销售单装运货物

在按销售单装运货物时,将按批准的销售单供货与按销售单装运货物职责相分离,有助于避免负责装运货物的职员在未经授权的情况下装运产品。此外,装运部门的职员在装运之前,还必须进行独立验证,以确定从仓库提取的商品都附有经批准的销售单,并且所提取的商品内容与销售单一致。

（五）向客户开具账单

向客户开具账单是指开具并向客户寄送事先连续编号的销售发票,该项业务活动可能存在的主要问题如下。

(1)是否对所装运的货物都开具了账单（"完整性"认定问题）。

(2)是否只对实际装运的货物才开具账单,有无重复开具账单或虚构交易（"发生"认定问题）。

(3)是否按已授权批准的商品价目表所列价格计价开具账单（"准确性"认定问题）。

为了降低开具账单过程中出现遗漏、重复、错误计价或其他差错的风险,应设立以下的控制程序。

(1)开具账单部门的职员在开具每张销售发票之前,独立检查是否存在装运凭证和相应的经批准的销售单。

(2)依据已授权批准的商品价目表开具销售发票。

(3)独立检查销售发票计价和计算的正确性。

(4)将装运凭证上的商品总数与相对应的销售发票上的商品总数进行比较。上述的控制程序有助于确保用于记录销售交易的销售发票的正确性。因此,这些控制与销售交易的"发生"、"完整性"以及"准确性"认定有关。

（六）记录销售

在会计系统中,记录销售的过程包括区分赊销、现销,按销售发票编制转账凭证或现金、银行存款收款凭证,据以登记销售明细账和应收账款明细账或现金、银行存款日记账。记录销售的控制程序包括以下内容。

(1)只依据附有有效装运凭证和销售单的销售发票记录销售,这些装运凭证和销售单应能证明销货交易的发生及其发生的日期。

(2)控制所有事先连续编号的销售发票。

(3)独立检查已处理销售发票上的销售金额同会计记录金额的一致性。

(4)记录销售的职责应与处理销售交易的其他功能相分离。

(5)对记录过程中所涉及的有关记录的接触予以限制,以减少未经授权批准的记录发生。

(6)定期独立检查应收账款明细账与总账的一致性。

(7)定期向客户寄送对账单,并要求客户将任何例外情况直接向指定的未涉及执行或记录销货交易的会计主管报告。

上述这些控制与"发生""完整性""准确性""计价和分摊"认定相关。

(七)办理和记录现金、银行存款收入

在办理和记录现金、银行存款收入时,最应关心的是货币资金失窃的可能性。货币资金失窃可能发生在货币资金收入登记入账之前或入账之后。处理货币资金收入时最重要的是要保证全部货币资金都如数、及时地记入现金、银行存款日记账或应收账款明细表,并如数、及时地存入银行。在这方面,汇款通知单起着很重要的作用。

(八)办理和记录销货退回、销货折扣与折让业务

在办理和记录销货退回、销货折扣与折让业务时,必须经授权批准,并应确保与办理此事有关的部门和职员各司其职,分别控制实物流和会计处理。在这方面,严格使用贷项通知单无疑会起到关键的作用。

(九)注销坏账

对企业发生的坏账,正确的处理方法是获取货款无法收回的确凿证据,经适当审批后及时作会计调整,注销坏账。

(十)提取坏账准备

提取坏账准备的数额必须能够抵补企业以后无法收回的销货款。

任务设计案例

设计目的:掌握销售与收款循环内部控制评审的程序和方法。

案例资料:注册会计师于20××年1月10日至15日对甲公司销售与收款循环的内部控制进行了了解和测试,并在相关的审计工作底稿中作了记录。现摘录如下。

(1)甲公司产成品发出时,由销售部填制一式四联的出库单。仓库发出产成品后,

将第一联出库单留存登记产成品卡片,第二联交销售部留存,第三、第四联交会计人员登记库存商品总账和明细账。

(2)会计人员负责开具销售发票,在开具销售发票之前,先取得仓库的发货记录和销售商品价目表,然后填写发票的数量、单价和金额。

设计要求:将全班同学分成若干小组,每组推选 1 名同学担任组长,各组成员分别根据上述资料指出甲公司销售与收款循环内部控制中存在的缺陷并简要说明理由,同时提出改进建议。

任务二　营业收入的审计

任务扫描

明确营业收入的审计目标,掌握营业收入审计的实质性程序。

知识准备

一、营业收入的含义

营业收入是企业在销售商品、提供劳务等主营业务活动中所产生的收入(主营业务收入),以及企业确认的除主营业务活动以外的其他经营活动实现的收入(其他业务收入),包括出租固定资产、出租无形资产、出租包装物和商品、销售材料、用材料进行非货币性交换或债务重组等实现的收入。

二、营业收入的审计目标

(1)确定记录的营业收入是否已发生,且与被审计单位相关。

(2)确定营业收入的记录是否完整。

(3)确定记录的营业收入的金额是否恰当。

(4)确定营业收入是否记录于正确的会计期间。

(5)确定营业收入的列报是否恰当。

任务设计案例

设计目的:掌握营业收入审计的实质性程序。

案例资料:注册会计师于 2016 年 1 月 15 日审查 E 公司 2015 年度产品销售业务时发现,该公司于 12 月 27 日出售给外地某厂甲产品 700 件,每件售价 800 元,共计56 000

元,已向银行办理了托收手续,尚未作为主营业务收入和应收账款入账。该产品的单位成本为 650 元,该公司适用的增值税税率为 13%,所得税税率为 25%,法定盈余公积的提取比例为 10%,任意盈余公积的提取比例为 5%。

设计要求:将全班同学分成若干小组,每组推选 1 名同学担任组长,各组成员分别根据案例资料指出注册会计师所采用的审计程序、E 公司存在的问题,并提出处理意见。

任务三　应收账款的审计

任务扫描

明确应收账款的审计目标,掌握应收账款审计的实质性程序。

知识准备

一、应收账款的含义

应收账款是指企业因销售商品、提供劳务等原因,应向购货客户或接受劳务的客户收取的款项,是企业在信用活动中形成的债权性资产。

应收账款余额包括应收账款账面余额和相应的坏账准备两部分。

坏账是指企业无法收回或收回可能性极小的应收款项,由于发生坏账而产生的损失称为坏账损失。企业通常应采用备抵法按期估计坏账损失,形成坏账准备。

二、应收账款的审计目标

(1)确定应收账款是否存在。

(2)确定应收账款是否归被审计单位所有。

(3)确定应收账款及其坏账准备的记录是否完整。

(4)确定应收账款是否可收回,坏账准备的计提方法和比例是否恰当,计提是否充分。

(5)确定应收账款及其坏账准备的期末余额是否正确。

(6)确定应收账款及其坏账准备的列报是否恰当。

任务设计案例

设计目的:掌握应收账款的函证。

案例资料: E 公司 20××年 12 月 31 日应收账款的部分明细资料,见表 2-6-1。

表 2-6-1 应收账款的明细资料(部分)

客户名称	摘要	销售发票号	账龄	金额(元)
A	整机销售	0021322	5 个月	1 250 000
B	整机销售	0021418	3 个月	180 000
C	部件、加工	0020199	1 年	320 000
D	部件销售	0009122	2 年零 3 个月	85 000
E	零件销售	0021176	6 个月	580 000
F	整机销售	0010127	2 年	100 000
G	整机销售	0021008	9 个月	480 000

设计要求: 将全班同学分成若干小组,每组推选 1 名同学担任组长,各组成员分别根据上述资料确定 7 个顾客哪些应使用积极式函证,哪些应使用消极式函证,并简要说明理由。

项目七

采购与付款循环的审计

学 习 目 标

● 了解采购与付款循环的主要业务活动。

● 明确采购与付款交易的内部控制。

● 明确固定资产的内部控制。

● 掌握采购与付款交易控制测试的方法。

● 掌握固定资产内部控制测试的方法。

● 明确应付账款审计的目标。

● 掌握应付账款实质性程序的方法。

● 明确固定资产审计的目标。

● 掌握固定资产账面余额实质性程序的方法。

● 掌握固定资产累计折旧实质性程序的方法。

● 掌握固定资产减值准备实质性程序的方法。

项目导航

　　企业的采购与付款循环包括购买商品、劳务和固定资产以及企业在经营活动中为获取收入而发生的直接或间接的支出。企业的部分支出可能与产品收入直接相关,部分支出可能会形成企业资产,而这些资产又形成了企业经营活动的基础。企业性质和类别的不同决定了其费用支出的差异,对制造业来说,其采购与付款循环的费用支出包括生产过程所需的设备支出,原材料、低值易耗品、备品配件的购买与储存支出,市场经营费用,将产品运达顾客或零售商发生的运输费用及管理费用等。

　　本项目主要引导学生掌握采购与付款交易和固定资产内部控制测试的方法,明确应付账款和固定资产审计的目标,掌握应付账款、固定资产账面余额、固定资产累计折旧、固定资产减值准备实质性程序的方法。学习时,要根据采购与付款交易审计的工作过程来体会采购与付款交易审计的目标,理解对应付账款和固定资产实施控制测试和实质性程序的意义,区别应付账款和固定资产审计的异同,提高对采购与付款交易审计重要性的认识。

任务一　采购与付款交易的控制测试

任务扫描

明确采购与付款交易内部控制的内容,掌握采购与付款交易控制测试的程序和方法。

知识准备

一、采购与付款交易涉及的主要凭证与会计记录

采购与付款交易涉及的主要凭证与会计记录包括请购单、订购单、验收单付款凭单、转账凭证、付款凭证、应付账款明细账、库存现金日记账和银行存款日记账与供应商对账单等。

二、采购与付款交易涉及的主要业务活动

采购与付款交易涉及的主要业务活动包括请购商品和劳务,编制订购单,验收商品,储存已验收的商品,编制付款凭单,确认与记录负债,付款,记录现金、银行存款支出等。为避免采购与付款交易活动中出现差错和弊端,提高采购活动的质量和效率,确保资产的安全和完整,保证该类活动的合规性和会计记录的正确可靠性,被审计单位应当根据国家有关法律法规的规定,结合本部门或系统有关采购方面内部控制的规定,建立适合本单位业务特点和管理要求的采购与付款交易内部控制,并组织实施。一般而言,采购与付款交易的内部控制的内容包括适当的职责分离控制、请购控制、订货控制、验收控制、实物控制、应付账款控制、内部核查程序控制等。

(一)适当的职责分离控制

适当的职责分离控制有助于防止各种有意的或无意的错误。和销售与收款业务一样,采购与付款业务也需要适当的职责分离。企业应当建立采购与付款业务的岗位责任制,明确相关部门和岗位的职责、权限,确保办理采购与付款业务的不相容岗位相互分离、制约和监督。采购与付款循环不相容岗位至少包括请购与审批,询价与确定供应商,采购合同的订立与审批,采购、验收与相关会计记录,付款的申请、审批与付款执行。这些都是对企业提出的有关采购与付款交易相关职责适当分离的基本要求,以确保办理采购与付款交易的不相容岗位相互分离、制约和监督。

（二）请购控制

请购控制根据购进物品的不同类别,采取不同的控制方式。生产部门原材料的购进,由该类部门根据生产计划填写领料单后,交由仓储部门将之与原材料保管卡上记录的库存数进行比较。当生产所需的材料和仓库所需的后备数量合计已超过库存数量时,提出请购。其他物品的购进,一般由使用部门或需要部门(公用事业、广告、保险等服务)直接提出请购,填制请购单,经过批准后进行。

（三）订货控制

订货控制是对采购部门在收到请购单、发出订购单之前的订购数量、供货单位和订购时间的控制。

(1)在订购数量的控制方面。采购部门首先应审查每一份请购单的请购数量是否在控制限额的范围内,其次是检查使用物品和劳务的部门主管是否在请购单上签字同意。对于需大量采购的原材料,必须作各种采购数量对成本的影响分析,其内容是将各种请购项目进行有效的归类,然后利用经济批量法来测算成本。

(2)在供货单位的控制方面。采购部门在正式填制订单前,必须向不同的供应商索取供应物品的价格、质量指标、折扣和付款条件以及交货时间等资料,比较不同供应商所提供的资料,选择最有利于企业生产和成本最低的供应商,与之签订合同。

(3)在订购时间的控制方面。应由仓储部门通过运用经济批量法和分析最低存货点来确定订购时间。

在以上三方面决定作出后,采购部门应及时编制一式多联连续编号的订购单;在订购单向供应商发出之前,必须由专人检查该订购单是否得到授权人的签字;订购单副本应交给验收、应付凭单和编制请购单等有关部门。

（四）验收控制

验收控制是指货物的验收应由独立于请购、采购和会计部门的人员来担任,其控制责任是检验收到货物的数量和质量。

(1)对于数量,验收部门在货运单上签字之前,应通过记数、过磅或测量等方法来证明运单上所列的数量。

(2)对于质量,验收部门应检验有无因运输而导致的货物缺陷。在货物质量检验需要有较高的专业知识或必须经过仪器、实验才能进行的情况下,收货部门应将部分样品送交专家或实验室对其质量进行检验。

(3)每一项收到的货物必须在验收以后填制包括供应商、收货日期、货物名称、数量和质量以及运货人名称、原购货订单编号等内容的收货报告单,并将其及时报告请购、采购和会计部门。

（五）实物控制

采购与付款循环中的实物控制包括两个方面:一方面,要加强对已验收入库的商品的实物控制,限制未经授权人员接近存货,即实物保管应由独立于验收、采购和会计部门的人员来担任,要加强对退货的实物控制,货物的退回要有合法手续;另一方面,要限制未授权人员接近有关的记录和文件,防止伪造或篡改相关资料。

(六)应付账款控制

应付账款控制包括应付账款的记录必须由独立于请购、采购、验收、付款的职员来进行(对于有预付货款的交易,在收到供应商发票后,应将预付金额冲抵部分发票金额来记录应付账款;对于享有折扣的交易,应根据供应商发票金额减去折扣金额后的净额登记应付账款),必须分别设置应付账款总账和明细账户,每月应将应付账款明细账定期与客户的对账单进行核对。

(七)内部核查程序控制

内部核查程序控制是指企业建立的对采购与付款交易内部控制的监督检查制度及其实施。采购与付款交易内部控制监督检查的主要内容包括以下几方面。

(1)采购与付款交易相关岗位及人员的设置情况。重点检查是否存在采购与付款交易不相容职务混岗的现象。

(2)采购与付款交易授权批准制度的执行情况。重点检查大宗采购与付款交易的授权批准手续是否健全,是否存在越权审批的行为。

(3)应付账款和预付账款的管理。重点检查应付账款和预付账款支付的正确性、时效性和合法性。

(4)有关单据、凭证和文件的使用和保管情况。重点检查凭证的登记、领用、传递、保管、注销手续是否健全,使用和保管制度是否存在漏洞。

对监督检查过程中发现的购货与付款内部控制中的薄弱环节,企业应当采取措施,及时加以纠正和完善。

三、固定资产的内部控制

商品存货与固定资产同属一个交易循环,在内部控制和控制测试问题上有许多共性的地方,但固定资产还存在不少特殊性,有必要对其单独加以说明。固定资产内部控制的内容一般包括预算控制、授权批准控制、账簿记录控制、职责分工控制、资本性支出和收益性支出的区分制度、处置控制、定期盘点控制、维护保养控制等。

(1)预算控制是固定资产内部控制中最重要的部分。通常,大中型企业应编制旨在预测与控制固定资产增减和合理运用资金的年度预算;小企业即使没有正规的预算,对固定资产的构建也要事先加以计划。

(2)授权批准控制包括:企业的资本性预算只有经过董事会等高层管理机构批准方可生效,所有固定资产的取得和处置均需经企业管理当局的书面认可。

(3)账簿记录控制是指对固定资产的核算,除固定资产总账外,被审计单位还须设置固定资产明细分类账和固定资产登记卡,按固定资产类别、使用部门和每项固定资产进行明细分类核算。固定资产的增减变化均应有充分的原始凭证。

(4)职责分工控制是指对固定资产的取得、记录、保管、使用、维修、处置等,均应明确划分责任,由专门部门和专人负责。

(5)资本性支出和收益性支出的区分制度是指企业应制订区分资本性支出和收益性支出的书面标准,明确资本性支出的范围和最低金额。凡不属于资本性支出的范围、金额低于下限的任何支出,均应列作费用并抵减当期收益。

(6)处置控制是指对固定资产的处置,包括投资转出、报废、出售等,均要有明确的申请报批程序。

(7)定期盘点控制是指对固定资产的定期盘点,它是验证账面各项固定资产是否真实存在、了解固定资产放置地点和使用状况以及发现是否存在未入账固定资产的必要手段。

(8)维护保养控制是指为防止固定资产因各种自然和人为的因素遭受损失而建立和实施的日常维护和定期检修制度。

严格地讲,固定资产的保险不属于企业固定资产的内部控制范围,但它对企业非常重要。因此,注册会计师在检查、评价企业的内部控制时,应当了解企业对固定资产的保险情况。

○ **任务设计案例**

设计目的:掌握采购与付款内部控制评审的程序和方法。

案例资料:注册会计师于20××年12月10日至15日对E公司采购与付款交易的内部控制进行了解和测试,并在相关的审计工作底稿中作了记录,现摘录如下。

E公司的材料采购需要经授权批准后方可进行,采购部根据经批准的请购单编制、发出订购单,订购单没有编号。货物运达后,由隶属于采购部门的验收人员根据订购单的要求验收货物,并编制一式多联的未连续编号的验收单。仓库根据验收单验收货物,在验收单上签字后,将货物移送仓库加以保管。验收单上有数量、品名、单价等内容。验收单联交采购部门登记采购明细账和编制付款凭证,付款凭证经批准后,月末交会计部门;一联交会计部门登记材料明细账。会计部门根据只附有验收单的付款凭证登记有关账簿。

设计要求:将全班同学分成若干小组,每组推选1名同学担任组长,各组成员分别根据上述资料指出E公司采购与付款交易内部控制方面存在的缺陷,对其作出简单评价,并提出相应的改进建议。

任务二　应付账款的审计

任务扫描

明确应付账款的审计目标,掌握应付账款审计的实质性程序。

知识准备

一、应付账款的含义

应付账款是企业在正常经营过程中,因购买材料、商品或接受劳务供应等经营活动而应付给供应商的款项。由于应付账款业务是随着企业赊购交易而发生的,因此对应付账款的审计应结合购货业务来进行。

二、应付账款的审计目标

(1)确定资产负债表中记录的应付账款是否存在。

(2)确定所有应当记录的应付账款是否均已记录。

(3)确定资产负债表中记录的应付账款是否被审计单位应履行的现时义务。

(4)确定应付账款是否以恰当的金额包括在财务报表中,与之相关的计价调整是否已恰当记录。

(5)确定应付账款是否已按照《企业会计准则》的规定在财务报表中做出恰当的列报。

任务设计案例

设计目的:掌握应付账款审计的实质性程序。

案例资料:注册会计师张雷审计 A 公司的应付账款项目。A 公司为化工企业,每年从其固定供应商购入原材料近 2 100 万吨。截至 20××年年底,A 公司应向该供应商支付货款221 388 124.57元。由于该供应商属于长期客户,且应付账款金额巨大,因此审计人员向该供应商进行函证。经函证,该供应商确认 A 公司所欠货款为 292 287 133.57元。张×在分析审查产生差异的原因时,发现 A 公司20××年度通过材料成本差异账户冲减2019—2020 年度已分摊的材料成本差异共 7 000 万元,理由是 A 公司认为对方售价太高,自 2019 年以来公司就没有付过货款,双方争执不下。张×认为 A 公司存在低估负债的可能,且因此影响 A 公司利润的真实性。

设计要求：将全班同学分成若干小组，每组推选 1 名同学担任组长，各组成员分别根据上述资料分析说明张×的认识是否正确，并提出分析意见。

任务三　固定资产的审计

任务扫描

明确固定资产的审计目标，掌握固定资产审计的实质性程序。

知识准备

一、固定资产的含义

固定资产是指企业为生产商品、提供劳务、出租或经营管理而持有的，使用年限超过一年，以及单位价值较高的有形资产。固定资产累计折旧是指在固定资产的使用寿命内，按照确定的方法对固定资产的磨损价值计提的折旧数额。固定资产减值准备是指对固定资产的可收回金额低于其账面价值的差额计提的减值准备金额。固定资产不仅包括固定资产项目。

二、固定资产的审计目标

（1）确定资产负债表中记录的固定资产是否存在。

（2）确定所有应记录的固定资产是否均已记录

（3）确定记录的固定资产是否由被审计单位拥有或控制。

（4）确定固定资产以恰当的金额包括在财务报表中，与之相关的计价或分摊已恰当记录。

（5）确定固定资产累计折旧的计提、分配、减少及会计处理等方面是否正确。

（6）确定固定资产减值准备的计提、结转及会计处理等方面是否正确。

（7）确定固定资产原价、累计折旧和固定资产减值准备是否已按照《企业会计准则》的规定在财务报表中作出恰当列报。

任务设计案例

设计目的：掌握固定资产审计的实质性程序。

案例资料：审计人员审查某工厂固定资产时，发现该厂将报废出售的某项固定资产的变价收入 5 000 元冲减固定资产（借记银行存款，贷记固定资产），并将发生的固定资产清理费用 3 000 元直接列入营业外支出(借记营业外支出,贷记银行存款)。同时,了解到该项固定资产原始价值为 50 000 元,预计使用 5 年,预计净残值为 2 000 元,采用两倍余额递减法计提折旧,已使用 3 年并将其报废出售给一家乡镇企业。

设计要求:将全班同学分成若干小组,每组推选 1 名同学担任组长,各组成员分别根据上述资料编制调整分录,并指出该项业务的错误所在及其影响。

项目八

生产与存货循环的审计

学习目标

- 了解生产与存货循环的主要业务活动。
- 了解生产与存货循环的内部控制。
- 掌握生产与存货循环的控制测试。
- 掌握生产与存货循环的实质性程序。
- 掌握存货监盘程序。
- 掌握编制生产与存货循环审计工作底稿的方法。

项目导航

　　通常,企业存货的计价和相关销售成本都会对利润表和财务状况产生重大影响,也就是说,存货的重大错报对流动资产、总资产、销售成本、利润分配和所得税等各方面都会产生一定的影响,注册会计师应当确认在财务报表中列示的存货金额:存货在财务报表日是否存在,是否属被审计单位所有,金额是否符合计价认定。

　　本项目主要引导学生掌握生产与存货循环控制测试的方法,明确评估生产与存货循环重大错报风险的内容,掌握存货监盘的程序和方法,掌握存货计价测试,掌握存货审计工作底稿的编制方法。

　　学习时,要根据生产与存货循环审计的工作过程来体会生产与存货循环审计的目标,理解对生产与存货循环实施控制测试和实质性程序的意义,提高对生产与存货循环审计重要性的认识。

任务一　生产与存货循环的控制测试

任务扫描

明确生产与存货循环内部控制的内容,掌握生产与存货循环控制测试的程序和方法。

知识准备

一、生产与存货循环涉及的主要凭证与会计记录

生产与存货循环涉及的主要凭证与会计记录包括生产指令(又称生产任务通知单或生产通知单)、领发料凭证、产量和工时记录(主要有工作通知单、工序进程单,工作的产量进程单、产量通知单、产量明细表、废品通知单等)、工薪汇总表及工薪费用分配表、材料费用分配表、制造费用分配汇总表、成本计算单、存货明细账等。

二、生产与存货循环的主要业务活动

生产与存货循环的主要业务活动包括计划和安排生产、发出原材料、生产产品、核算产品成本、储存产成品和发出产成品。

(一)计划和安排生产

生产计划部门根据顾客订单或对销售预测、存货需求的分析,决定生产授权并计划和安排生产,签发生产通知单,下达制造产品等生产任务,通知供应、仓储部门和生产车间;根据材料、零部件的库存和生产需求情况,组织材料收发和产品制造;会计部门依据生产计划部门的生产通知单组织成本计算工作。

(二)发出原材料

仓储部门根据从领料部门收到的领料单发出原材料。领料单上必须列示所需的材料数量和种类,以及领料部门的名称。领料单可以一单一联,也可以一单多联,通常需一式三联。仓库发料后,以其中一联连同材料交还领料部门,其余两联经仓库登记材料明细账后,送会计部门进行材料收发核算和成本核算。

(三)生产产品

生产部门在收到生产通知单及领取原材料后,便将生产任务分解到每一个生产工人,并将所领取的原材料交给生产工人,据以执行生产任务,组织生产产品。生产工人

在完成生产任务后,将完成的产品交生产部门查点,然后转交检验员验收并办理入库手续,或将所完成的产品移交下一个部门,以进一步加工。生产部门应对生产情况作好记录,形成产量和工时记录。产量和工时记录是登记工人或生产班组在出勤期间内完成产品数量、质量和生产这些产品所耗费工时数量的原始记录。产量和工时记录的内容与格式是多种多样的,在不同的生产企业中,甚至在同一企业的不同生产车间中,由于生产类型不同而采用不同格式的产量和工时记录。

(四)核算产品成本

为了正确的核算产品成本,对在产品进行有效控制,必须建立健全成本会计制度,将生产控制和成本核算有机结合在一起。一方面,生产过程中的各种记录、生产通知单、领料单、计工单、入库单等文件资料都要汇集到会计部门,由会计部门对其进行检查和核对,了解和控制生产过程中存货的实物流转;另一方面,会计部门要设置相应的会计账户,会同有关部门对生产过程中的成本进行核算和控制。成本会计制度可以非常简单,只是在期末记录存货余额;也可以是完善的标准成本制度,持续地记录所有材料处理、在产品和产成品,并产生对成本差异的分析报告。完善的成本会计制度应该提供原材料转为在产品,在产品转为产成品,以及按成本中心、分批生产任务通知单或生产周期所消耗的材料、人工和间接费用的分配与归集的详细资料,主要资料有工资汇总表、人工费用分配表、材料费用分配表、制造费用分配汇总表、成本计算单、存货明细账等。

(五)储存产成品

储存产成品须由仓储部门先行点验和检查,然后签收。签收后填制产成品入库单,产成品入库单至少一式三联:一联交生产部门,一联交会计部门,一联由仓储部门留存。仓储部门在检查、验收工作中应对验收部门的工作进行验证。除此之外,仓储部门还应根据产成品的品质特征分类存放,填制产成品标签,并定期进行盘点核对。

(六)发出产成品

发出产成品须由独立的发运部门进行。装运产成品时必须持有经有关部门核准的发运通知单,并据此编制出库单。产成品出库单至少一式四联:一联交仓储部门,一联由发运部门留存,一联送交顾客,一联作为给顾客开发票的依据。

三、生产与存货交易的内部控制

生产与存货循环的内部控制主要包括存货的内部控制和成本会计制度的内部控制两项内容。被审计单位应当根据国家有关法律法规的规定,建立适合本单位业务特点和管理要求的存货内部控制及成本会计的内部控制制度,并组织实施。

关于存货的内部控制,需要作以下两个方面的说明:一方面,由于生产与存货循环与其他业务循环的内在联系,生产与存货循环中的某些审计测试,特别是对存货的审计测试,与其他相关业务循环的审计测试同时进行将更为有效。例如,企业装运产成品和记录营业收入与成本是作为销售与收款循环审计的一部分进行测试的,而原材料的取得和记录是作为采购与付款循环的一部分进行测试的。这些内容在前面的项目中已经作了介绍,不再赘述。另一方面,尽管不同的企业对其存货可能采取不同的内部控制,但从根本上说,均可概括为对存货的数量和计价两个关键因素的控制,这将在本项目的后续任务中分别予以阐述。由于以上两个方面的原因,本任务对生产与存货循环内部控制和控制测试的讨论,主要侧重于成本会计制度及其控制测试。

为了实现生产和存货循环的内部控制,企业必须建立和完善成本会计制度及其相关的内部控制制度。

(1)企业的生产业务应根据管理层的一般授权或特别授权进行,应通过恰当手续,经过特别审批或一般审批包括三个关键点的审批:生产通知单的授权批准、领料单的授权批准、工资的授权批准。

(2)企业应建立以经过审核的生产通知单、领发料凭证、产量和工时记录、人工费用分配表、材料费用分配表、制造费用分配表为依据的成本核算制度。记录实际发生的成本,把所有耗费和物化劳动均反映在生产成本中。

(3)企业采用的成本核算方法应前后各期一致,采用的费用分配方法应前后各期一致,应进行成本核算和账务处理的内部核查,检查成本计算是否正确。

(4)保管人员与记录、批准人员应相互独立。

(5)企业应定期进行存货盘点以使账面存货与实际存货核对相符。

四、评估重大错报风险

前面有关采购与付款交易的重大错报风险的讨论,对生产与存货交易基本上是适用的,不再赘述。当然,生产与存货交易也有其自身的特点,以制造类企业为例。影响生产与存货交易和余额的重大错报风险还可能包括以下内容。

(1)交易的数量和复杂性。制造类企业交易的数量庞大、业务复杂,这就增加了产生错误和舞弊行为的风险。

(2)成本基础的复杂性。制造类企业的成本基础是复杂的,虽然原材料和直接人工等直接费用的分配比较简单,但间接费用的分配可能就较为复杂,并且同行业中的不同企业也可能采用不同的认定和计量基础。

(3)产品的多元化。产品的多元化除可能要求聘请专家来验证其质量、状况或价值外,计算存货数量的方法也可能是不同的。例如,计量煤堆、仓里的谷物、钻石或者其化工品和药剂产品的存储量的方法都可能不一样。这并不是要求注册会计师每次清点存货需要专家配合,如果存货容易辨认、存货数量容易清点,就无须专家帮助。

（4）某些存货项目的可变现净值难以确定。例如，价格受全球经济供求关系影响由于其可变现净值难以确定，会影响存货采购价格和销售价格的确定，并将影响注册会计师对与存货的计价认定有关的风险进行评估。

（5）将存货存放在很多地点。大型企业可能将存货存放在很多地点，并且可以在不同的地点之间配送存货，这将增加商品途中毁损或遗失的风险，或者导致存货在两个地点被重复列示，也可能引发转移定价的错误或舞弊行为。

（6）寄存的存货。有时候存货虽然还存放在企业，但可能已经不归企业所有；反之，企业的存货也可能被寄存在其他企业。

注册会计师应当了解被审计单位对生产与存货的管理程序。如果注册会计师认为被审计单位可能存在销售成本和存货的重大错报风险，通常需要考虑对已选取的控制活动的运行有效性进行测试。

任务设计案例

设计目的： 掌握生产与存货循环内部控制评审的程序和方法。

案例资料： 注册会计师在对甲公司生产与存货循环内部控制进行审计时发现下列事项：材料由采购部负责采购，材料购进后由隶属于采购部的验收部门负责验收。验收合格的材料在采购单上盖"货已验讫"印章，然后交会计部门付款，如不合格直接退给供应商，验收部不负责开验收报告单。验收后的材料直接堆放在机器旁准备加工。生产完工的产成品交给制造部门的储藏室保管。

设计要求： 将全班同学分成若干小组，每组推选 1 名同学担任组长，各组成员分别根据上述资料指出甲公司在生产与存货循环内部控制中存在的缺陷并简要说明理由，同时提出改进建议。

任务二　存货监盘

任务扫描

明确存货监盘的作用，掌握存货监盘的方法。

知识准备

一、存货监盘的含义

存货监盘是注册会计师为对存货的存在及其状况获取充分、适当的审计证据实施的审计程序,以确定其是否准确反映实际的存货盘点结果。具体来说,存货监盘涉及三个方面:一是检查存货以确定其是否存在,评价存货状况,并对存货盘点结果进行测试;二是观察管理层指令的遵守情况,以及用于记录和控制存货盘点结果的程序的实施情况;三是获取有关管理层存货盘点程序可靠性的审计证据。

实施存货监盘,获取有关期末存货数量和状况的充分、适当的审计证据是注册会计师的责任,但这并不能取代被审计单位管理层定期盘点存货、合理确定存货的数量和状况的责任。被审计单位管理层通常对存货每年至少进行一次实物盘点,以作为编制财务报表的基础,并用以确定被审计单位永续盘存制的可靠性。

存货监盘针对的主要是存货的"存在""完整性""权利和义务"三个认定。注册会计师存货监盘的目的在于获取有关存货数量和状况的审计证据,以确证被审计单位记录的所有存货确实存在,已经反映了被审计单位拥有的全部存货,并属于被审计单位的合法财产。

二、存货监盘计划

注册会计师应当根据被审计单位存货的特点、盘存制度和存货内部控制的有效性等情况,在评价被审计单位制订的存货盘点程序的基础上,编制存货监盘计划,对存货监盘作出合理安排。制订存货监盘计划应考虑下列有关事项。

(一) 与存货相关的重大错报风险

存货通常具有较高水平的重大错报风险,影响重大错报风险的因素包括存货的数量和种类、成本归集的难易程度、陈旧过时的速度或易损坏程度、遭受失窃的难易程度。由于制造过程和成本归集制度的差异,制造企业的存货与其他企业(如批发企业)的存货相比,往往具有更高的重大错报风险,对注册会计师的审计工作而言更具复杂性。此外,外部因素也会对存货的重大错报风险产生影响,进而增加审计的复杂性与风险。例如,制造过程漫长的存货、鲜活易腐商品的存货、具有高科技含量的存货、单位价值高昂容易被盗的在货等。

(二) 与存货相关的内部控制的性质

注册会计师应当了解与存货相关的内部控制,并根据内部控制的完善程度确定进一步审计程序的性质、时间和范围。存货的内部控制涉及被审计单位供、产、销各个环节,包括采购、存货验收、仓储、领用、加工、装运出库等方面。

(三) 对存货盘点是否制订了适当的程序,并下达了正确的指令

注册会计师在复核或与管理层讨论其存货盘点程序时,应当考虑下列主要因素,以评价其能否合理地确定存货的数量和状况:盘点的时间安排;存货盘点范围和场所的确定;盘点人员的分工及胜任能力;盘点前的会议及任务布置;存货的整理和排列,对毁

损、陈旧、过时、残次及所有权不属于被审计单位的存货的区分;存货的计量工具和计量方法;在产品完工程度的确定方法;存放在外单位的存货的盘点安排;存货收发截止的控制;盘点期间存货移动的控制;盘点表单的设计、使用与控制;盘点结果的汇总以及盘盈或盘亏的分析、调查与处理。注册会计师如果认为被审计单位的存货盘点程序存在缺陷,应当提请被审计单位调整。

(四) 存货盘点的时间安排

如果存货盘点在财务报表日以外的其他日期进行,注册会计师除实施存货监盘的相关审计程序外,还应当实施其他审计程序,以获取审计证据,确定存货盘点日与财务报表日之间的存货变动是否已得到恰当的记录。

(五) 根据存货的存放地点确定适当的监盘地点

注册会计师应了解所有的存货存放地点,这样既可以防止被审计单位或自己发生遗漏,也有助于恰当地分配审计资源。注册会计师通常应当重点考虑被审计单位的重要存货存放地点,特别是金额较大或可能存在重大错报风险的存货地点,将这些存货列入监盘地点。对于无法实施存货现场监盘的存货,注册会计师应当实施替代审计程序,以获取有关存货的存在和状况的充分、适当的审计证据。

(六) 是否需要专家协助

注册会计师可能不具备其他专业领域的专长与技能。在确定资产数量或资产实物状况时(如矿石堆),或在收集特殊类别存货(如艺术品、稀有玉石、房地产、电子器件、工程设计等)的审计证据时,注册会计师可以考虑利用专家的工作。

当在产品存货金额重大时,注册会计师可能面临如何评估完工程度的问题。注册会计师可以了解被审计单位的盘点程序,如果有关在产品的完工程度未被明确列出,注册会计师应当考虑采用其他有助于确定完工程度的措施,如获取零部件明细清单、标准成本表以及作业成本表,与工厂的有关人员进行讨论等,并运用职业判断。注册会计师也可根据存货生产过程的复杂程度考虑利用专家的工作。

三、存货监盘计划的主要内容

(一) 存货监盘的目标、范围及时间安排

存货监盘的主要目标包括获取被审计单位资产负债表日有关存货数量和状况以及管理层存货盘点程序可靠性的审计证据,检查存货的数量是否完整,是否归属被审计单位,存货有无毁损、陈旧和短缺等状况。

存货监盘的范围大小取决于存货的内容、性质以及与存货相关的内部控制的完善程度和重大错报风险的评估结果。对存放于外单位的存货,应当考虑实施适当的替代程序,以获取充分、适当的审计证据。

存货监盘的时间包括实地察看盘点现场的时间、观察存货盘点的时间和对已盘点存货实施检查的时间等,应当与被审计单位实施存货盘点的时间相协调。

(二)存货监盘的要点及关注事项

存货监盘的要点包括注册会计师实施存货监盘程序的方法、步骤,各个环节应注意的问题以及所要解决的问题。注册会计师需要重点关注的事项包括盘点期间的存货移动、存货的状况、存货的截止确认、存货的各个存放地点及金额。

(三)参加存货监盘人员的分工

注册会计师应当根据对被审计单位存货盘点人员分工、分组情况以及存货监盘工作量的大小和人员素质情况,确定参加存货监盘的人员组成以及各成员的职责和具体的分工情况,并加强督导。

(四)检查存货的范围

注册会计师应当根据对被审计单位存货盘点和对被审计单位内部控制的评价结果确定检查存货的范围。注册会计师在实施观察程序后,如果认为被审计单位内部控制设计良好且得到有效实施、存货盘点组织良好,可以相应缩小实施检查程序的范围。

任务设计案例

设计目的:掌握存货监盘的程序和方法。

案例资料:A 注册会计师负责对常年审计客户 E 公司 20××年度财务报表进行审计。E 公司从事商品零售业,存货占其资产总额的 60%。除自营业务外,E 公司还将部分柜台出租,并为承租商提供商品仓储服务。根据以往的经验和期中测试的结果,A 注册会计师认为 E 公司有关存货的内部控制有效。A 注册会计师计划于 20××年 12 月 31 日实施存货监盘程序。A 注册会计师编制的存货监盘计划部分内容摘录如下:

(1)在到达存货盘点现场后,监盘人员观察代柜台承租商保管的存货是否已经单独存放并予以标明,确定其未被纳入存货盘点范围。

(2)在 E 公司开始盘点存货前,监盘人员在拟检查的存货项目上作出标识。

(3)对以标准规格包装箱包装的存货,监盘人员根据包装箱的数量及每箱的标准容量直接计算确定存货的数量。

(4)在存货监盘过程中,监盘人员除关注存货的数量外,还需要特别关注存货是否出现毁损、陈旧、过时及残次等情况。

设计要求:将全班同学分成若干小组,每组推选 1 名同学担任组长,各组成员分别根据上述资料指出 E 公司存货监盘是否存在不当之处。如果存在,简要说明理由。

任务三　存货计价测试

任务扫描

明确存货计价测试的要求,掌握存货计价测试的内容和方法。

知识准备

为验证财务报表上存货余额的真实性,还必须对存货的计价进行审计,即确定存货实物数量和永续盘存记录中的数量是否经过正确的计价和汇总。存货计价测试就是在选取样本的基础上,对计价方法和存货样本价格进行的测试。

一、样本的选择

计价审计的样本,应从存货数量已经盘点、单价和总金额已经记入存货汇总表的结存存货中选择。选择样本时应着重选择结存余额较大且价格变化比较频繁的项目,同时考虑所选样本的代表性。抽样方法一般采用分层抽样法,抽样规模应足以推断总体的情况。

二、存货计价方法的确认

存货的计价方法多种多样,企业可结合国家法规要求选择符合自身特点的方法,注册会计师除应了解掌握企业的存货计价方法外,还应对这种计价方法的合理性与一贯性予以关注;没有足够理由,计价方法在同一会计年度内不得变动。

三、存货计价测试的实施

进行计价测试时,注册会计师首先应对存货价格的组成内容予以审核,然后按照所了解的计价方法对所选择的存货样本进行计价测试。测试时,应排除企业已有计算程序和结果的影响,进行独立测试。待测试结果出来后,应与企业账面记录对比,编制对比分析表,分析形成差异的原因。如果差异过大,则应扩大测试范围,并根据审计结果考虑是否应提出审计调整建议。

在存货计价审计中,由于企业对期末存货采用成本与可变现净值孰低的方法计价,因此注册会计师应充分关注企业对存货可变现净值的确定及存货跌价准备的计提是否正确。

任务设计案例

设计目的:掌握存货计价测试的程序和方法。

案例资料:注册会计师审查某企业在产品成本,搜集到的有关资料如下:

该企业采用约当产量法计算甲种在产品成本,甲产品本月完工 180 件,月末在产品 90 件,甲种在产品的投料率为 80%,完工率为 50%。生产成本明细账见表 2-8-1。

表 2-8-1　生产成本明细表

单位:元

20××年		摘要	直接材料	直接人工	制造费用	合计
月	日					
5	1	月初在产品	18 000	4 500	6 750	29 250
5	31	本月生产费用	82 800	11 250	29 250	123 000
5	31	生产费用合计	100 800	15 750	36 000	152 550
5	31	结转完工产品成本	57 000	10 500	25 800	93 300
5	31	月末在产品成本	43 800	5 250	10 200	59 250

设计要求:将全班同学分成若干小组,每组推选 1 名同学担任组长,各组成员分别根据上述资料指出企业存在的问题并提出改进建议。

项目九

人力资源与工薪循环的审计

学 习 目 标

- 了解人力资源与工薪循环的主要业务活动。
- 了解人力资源与工薪循环的内部控制。
- 理解人力资源与工薪循环的控制测试。
- 明确应付职工薪酬的审计目标。
- 掌握应付职工薪酬的实质性程序。
- 掌握应付职工薪酬审计工作底稿的编制方法。

项目导航

人力资源与工薪循环包括员工聘用和离职、工作时间记录、工薪计算与记录、工薪费用的分配、工薪支付以及代扣代缴税金等。在制造业中,员工工薪影响两个重要的交易类型,即工薪发放和直接工薪费用、间接工薪费用的分配。

本项目主要引导学生掌握人力资源与工薪循环控制测试的方法,明确应付职工薪酬的审计目标,掌握应付职工薪酬的实质性程序,掌握应付职工薪酬审计工作底稿的编制方法。

学习时,要根据人力资源与工薪循环的工作过程来体会应付职工薪酬审计的目标,理解对人力资源与工薪循环实施控制测试的意义,理解对人力资源与工薪循环实施实质性程序的意义,提高对应付职工薪酬审计重要性的认识。

任务一　人力资源与工薪循环的控制测试

任务扫描

明确人力资源与工薪循环内部控制的内容,掌握人力资源与工薪循环控制测试的程序和方法。

知识准备

一、人力资源与工薪循环的主要业务活动

人力资源与工薪循环是不同企业之间最可能具有共同性的领域,涉及的主要业务活动通常包括员工批准招聘、记录工作时间或产量、计算工薪总额和扣除、工薪支付和代扣代缴税金等。

(一) 员工批准招聘

企业在聘用人员时,批准聘用的文件由负责人力资源和工薪相关事宜的人员编制,并由人力资源部门会同用人部门履行该职责。人力资源部门同时还负责编制支付率变动及员工合同期满的通知。

(二) 记录工作时间或产量

企业员工工作的证据,以工时卡或考勤卡的形式产生,通过监督审核和批准程序予以控制。如果支付工薪的依据是产量而不是时间,数量也同样应经过审核,并且与产量记录或销售数据进行核对。

(三) 计算工薪总额和扣除

企业需要将每一名员工的交易数据,即本工薪期间的工作时间或产量记录,与基准数据进行匹配。在确定相关控制活动已经执行后,应当由一名适当的人员批准工薪的支付。同时一名适当人员审核工薪总额和扣除的合理性,并批准该金额。

(四) 工薪支付和代扣代缴税金

利用现金支出方式或电子货币转账系统,将工薪支付给员工。批准工薪支票,通常是工薪计算中不可分割的一部分,包括比较支票总额和工薪总额。

二、人力资源与工薪循环内部控制的内容

人力资源与工薪循环开始于对员工的聘用,结束于向员工支付工薪。企业应建立

适合本单位业务特点和管理要求的人力资源与工薪循环内部控制目标,并组织实施。

（一）适当的职责分离

人力资源部门应独立于工薪职能,负责确定员工的聘用、解聘及其支付额和扣减额的变化。防止企业向员工过量支付工薪,或向不存在的员工虚假支付工薪。

（二）适当的授权

人力资源部门应当对员工的聘用与解聘负责。支付率和扣减额也应当进行适当授权。每一个员工的工作时间,特别是加班时间,都应经过主管人员的授权,所有工时卡都应表明核准情况。例外的加班时间也应当经过核准。

（三）适当的凭证和记录

适当的凭证和记录依赖于工薪系统的特性。例如,工时卡或工时记录只针对计时工薪,有些员工的工薪以计件工薪为基础。

（四）资产和记录的实物控制

资产和记录的实物控制应当限制接触未签字的工薪支票。支票应由有关专职人员签字,工薪应当由独立于工薪和考勤职能之外的人员发放。

（五）工薪的独立检查

工薪的计算应当独立验证,包括将审批工薪总额与汇总报告进行比较。管理层成员或其他负责人应当复核工薪金额,以避免明显的错报和异常的金额。

三、评估重大错报风险

产生工薪交易和余额的重大错报风险的主要原因如下:

(1)在工薪单上虚构员工;

(2)可以更改员工数据主文档的管理人员在没有授权的情况下更改总工薪的付费标准;

(3)为员工并未工作的工时支付工薪;

(4)在进行工薪处理过程中出错;

(5)工薪扣款可能是不正确的,或未经员工个人授权,导致应付工薪扣款的返还和支付不正确;

(6)由于工薪长期未支付造成挪用现象;

(7)支付应付工薪扣款的金额不正确;

(8)电子货币转账系统的银行账户不正确;

(9)错将工薪支付给其他员工。

提示窗

由于工薪费用可能具有较高的舞弊风险,企业常常广泛采取预防性的控制活动,因此工薪费用重大错报风险会降低。在这种情况下,注册会计师应当确定控制设计和实施的适当性,以支持评估为中或低的认定层次重大错报风险。注册会计师拟依赖的特别重要的控制管理层在实施监控程序时实施的高层次控制。

任务设计案例

设计目的:掌握人力资源与工薪循环内部控制评审的程序和方法。

案例资料:朱××在 F 公司工作了 8 年,作为值得信赖的员工,朱××一人身兼公司会计、出纳和办公室经理数职,管理若干下属并直接向老板汇报。她的职责包括向供应商支付货款、将收到的款项存入银行以及为公司职工发放工资等。在朱××一次昂贵的欧洲旅行期间,一位代班职员发现了朱××每周都要向公司的备用金账户填制大量的偿还支票,远远超过公司相关费用的金额。在朱××旅行回来后,老板对她展开了质问和调查。朱××最后承认了她利用职务之便和内部控制的缺陷,通过虚构收据、更改收据等方法盗取公司备用金,她将自己的账单纳入公司的应付款项,并用公司的支票支付了她的许多个人费用,还伪造了公司所有者的签字章(金额超过 500 美元需要此印章)。根据调查,朱××在以前的工作单位曾经因为进行可疑的财务交易而被解雇,跳槽到 F 公司后,又故技重演,在 F 公司工作期间盗取了大约 50 万美元。

设计要求:将全班同学分成 8 个小组,每组推选 1 名同学担任组长,各组成员分别根据上述资料指出 F 公司人力资源与工薪循环内部控制中存在的缺陷并简要说明理由,同时提出改进建议。

任务二　人力资源与工薪循环的实质性程序

任务扫描

明确应付职工薪酬的审计目标,掌握应付职工薪酬审计的实质性程序。

知识准备

应付职工薪酬的审计目标包括:

(1)确定应付职工薪酬是否存在;

（2）确定应付职工薪酬记录是否完整；

（3）确定记录的应付职工薪酬是否为被审计单位应当履行的现时义务；

（4）确定应付职工薪酬是否以恰当的金额包括在财务报表中，与之相关的计价调整是否已恰当记录；

（5）确定应付职工薪酬是否已按照《企业会计准则》的规定在财务报表中作出恰当列报。

任务设计案例

设计目的：掌握应付职工薪酬审计的实质性程序。

案例资料：注册会计师在审查某企业上年"应付职工薪酬"账户的工资明细账时，发现 12 月比 11 月多 40 000 元，怀疑其中有虚列工资或其他问题，决定作进一步审查。

注册会计师调阅了 12 月工资的原始凭证，发现在工资结算单中，有第一生产车间工资 4 000 元，附车间负责人收据一张，未具体列明发放工资人员名单。查问车间负责人时，他承认因本企业业务招待费超支，财务科长让他领取，并提供了原始凭证。财务科长对此供认不讳。该企业的所得税税率为 25%。

设计要求：将全班同学分成若干小组，每组推选 1 名同学担任组长，各组成员分别根据上述资料指出被审计单位存在的问题，并提出处理意见。

项目十

投资与筹资循环的审计

学 习 目 标

● 了解投资与筹资循环的内部控制。
● 掌握投资与筹资循环控制测试的方法。
● 明确长期股权投资和短期借款、长期借款的审计目标。
● 掌握长期股权投资和短期借款、长期借款的实质性程序。
● 掌握长期股权投资和短期借款、长期借款审计工作底稿的编制方法。

项目导航

　　投资活动是指企业为享有被投资单位分配的利润,或为谋求其他利益,将资产让渡给其他单位而获得另一项资产的活动。投资活动主要由权益性投资交易和债权性投资交易组成。筹资活动是指企业为满足生存和发展的需要,通过改变企业资本及债务规模和构成而筹集资金的活动。筹资活动主要由借款交易和股东权益交易组成。对一般工商企业而言,与其他循环相比,企业每年投资与筹资循环涉及的交易数量较少,而每笔交易的金额通常较大。这就决定了对该循环涉及的财务报表项目审计,通常采用实质性方案。筹资活动是在遵守国家法律、法规和相关契约的规定下进行的,因而对筹资循环的财务报表项目审计侧重合法性审查。

　　本项目主要引导学生掌握投资与筹资循环控制测试的方法,明确长期股权投资和短期借款、长期借款的审计目标,掌握长期股权投资和短期借款、长期借款的实质性程序,掌握长期股权投资和短期借款、长期借款审计工作底稿的编制方法。

　　学习时,要根据长期股权投资和短期借款、长期借款审计的工作过程来体会长期股权投资和短期借款、长期借款审计的目标;理解对长期股权投资和短期借款、长期借款实施控制测试和实质性程序的意义;提高对长期股权投资和短期借款、长期借款审计重要性的认识。

任务一　投资循环的控制测试

任务扫描

明确投资循环内部控制的内容,掌握投资循环控制测试的程序和方法。

知识准备

一、投资循环涉及的主要凭证与会计记录

投资循环涉及的主要凭证与会计记录包括债券投资凭证、股票投资凭证、股票证书、股利收取凭证、长期股权投资协议、投资总分类账、投资明细分类账。

二、投资循环所涉及的主要业务活动

投资循环所涉及的主要业务活动包括投资交易的发生、有价证券的收取和保存、投资收益的取得、实施监控程序等。

(一)投资交易的发生

企业投资交易应由管理层进行授权。对上市型投资的购买应当由交易经纪人的买入公告支持,对非上市型投资的购买应当由相关合同支持。二者都应当由董事会纪要(或其他授权文件)批准购买。投资的销售业务主要由经纪人的销售公告、合同,董事会批准上市、非上市型投资业务销售的会议纪要等文件支持。

(二)有价证券的收取和保存

企业可以通过购买股票或债券进行投资,也可以通过与其他单位联合形成投资。企业所收到的凭证和有价证券应当保存在其经纪人处或由企业的银行保存在保管箱里。企业应确保这些凭证和有价证券的真实性。

(三)投资收益的取得

企业收到股利和利息支票时应当予以记录并追查至银行存款单。股利收据应当在投资账户中记录,包括股利的金额和日期,以确保所收取和记录的股利收入的完整性。利息收入应当与债务型投资合同和支付安排一致,以确保利息收入的完整性、计价准确性、截止正确性。

(四)实施监控程序

管理层定期复核主要包括:(1)定期检查持有股票凭证或有价证券的月度报表,并与投资账户余额相比较,取得存在性证据;(2)检查所有的购买和销售交易,取得授权证

据、完整性和发生证据;(3)检查经纪人的买入和卖出公告,并将投资清单的详细信息同总分类账相核对,取得有价证券完整性、发生和估价证据;(4)将所收到的现金或所付出的支票与相关买入、卖出交易和收益收据的授权信息相核对。管理层在实施监控程序时,应当在相关记录或管理层会议纪要中签字。

三、投资循环内部控制的内容

投资循环的内部控制一般包括以下内容。

(一)合理的职责分工

合理的职责分工是指合法的投资业务,应在业务的授权、业务的执行、业务的会计记录以及投资资产的保管等方面都有明确的分工,不得由一人同时负责上述任何两项工作。

(二)健全的资产保管制度

企业对投资资产(指股票和债券资产)一般有两种保管方式:一种方式是由独立的专门机构保管,如在企业拥有较大的投资资产的情况下,委托银行、证券公司、信托投资公司等机构进行保管;另一种方式是由企业自行保管,在这种方式下,必须建立严格的联合控制制度,即至少要由两名以上人员共同控制,不得一人单独接触证券。对于任何证券的存入或取出,都要将债券名称、数量、价值及存取的日期、数量等详细记录于证券登记簿内,并由所有在场的经手人员签名。

(三)详尽的会计核算制度

企业的投资资产无论是自行保管还是由他人保管,都要进行完整的会计记录,并对其增减变动及投资收益进行相关会计核算。具体而言,应对每种股票或债券分别设立明细分类账,并详细记录其名称、面值、证书编号、数量、取得日期、经纪人(证券商)名称、购入成本、收取的股息或利息等。

(四)严格的记名登记制度

除无记名证券外,企业在购入股票或债券时应在购入的当日尽快登记于企业名下,切忌登记于经办人员名下。

(五)完善的定期盘点制度

对于企业所拥有的投资资产,应由内部审计人员或不参与投资业务的其他人员进行定期盘点,检查是否确为企业所拥有,并将盘点记录与账面记录相互核对以确认账实的一致性。

任务设计案例

设计目的:掌握投资循环内部控制测试的程序和方法。

案例资料：注册会计师接受委派，对 ABC 上市公司 20××年度会计报表进行审计。注册会计师于 20××年 11 月 1 日至 11 月 7 日对 ABC 公司的内部控制进行了解和测试，并在相关审计工作底稿中记录了对投资循环内部控制制度了解和测试的事项，摘录如下：

（1）ABC 公司股东大会批准董事会的投资权限为 1 亿元以下。董事会决定由总经理负责实施。总经理决定由证券部负责总额在 1 亿元以下的股票买卖。ABC 公司规定：公司划入营业部的款项由证券部申请，由会计部审核，总经理批准后划转入公司在营业部开立的资金账户。经总经理批准，证券部直接从营业部资金账户支取款项。证券买卖、资金存取的会计记录由会计部处理。注册会计师了解和测试投资的内部控制制度后发现：证券部在某营业部开户的有关协议及补充协议未经会计部或其他部门审核。根据总经理的批准，会计部已将 8 000 万元汇入该户。证券部处理证券买卖的会计记录，月底将证券买卖清单交给会计部，会计部据以汇总登记。

（2）为保证公司投资业务的不相容岗位相互分离、制约和监督，投资业务分由不同部门或不同职员负责。其中，投资部的乙职员负责对外投资预算的编制，投资部的丙职员负责对外投资项目的分析论证及评估，财务部负责对外投资业务的相关会计记录。

设计要求：将全班同学分成若干小组，每组推选 1 名同学担任组长，各组成员分别根据上述资料指出 ABC 公司投资循环内部控制中存在的缺陷并简要说明理由，同时提出改进建议。

任务二　长期股权投资的审计

任务扫描

明确长期股权投资的审计目标，掌握长期股权投资审计的实质性程序。

知识准备

一、长期股权投资的含义

长期股权投资审计核算企业持有的采用权益法或成本法核算的长期股权投资，具体包括以下内容。

（1）投资方能够对被投资单位实施控制的权益性投资，即对子公司的投资。控制是指投资方拥有对被投资单位的权力，通过参与被投资单位的相关活动享有可变回报，并且有能力运用对被投资单位的权力影响其回报金额。

（2）投资方与其他合营方一同对被投资单位实施共同控制的权益性投资,即对合营企业的投资。共同控制是指按照相关约定对某项安排所共有的控制,并且该安排的相关活动只有经过分享控制权的参与方一致同意后才能决策。

（3）投资方对被投资单位具有重大影响的权益性投资,即对联营企业的投资。重大影响是指对一个企业的财务和经营政策有参与决策的权力,但并不能够控制或者与其他方一起共同控制这些政策的制订。

二、长期股权投资的审计目标

（1）确定资产负债表中列示的长期股权投资是否存在。

（2）确定所有应当列示的长期股权投资是否均已列示。

（3）确定列示的长期股权投资是否归被审计单位拥有或控制已恰当记录。

（4）确定长期股权投资是否以恰当的金额包括在财务报表中,与之相关的计价调整是否列报。

（5）确定长期股权投资是否已按照《企业会计准则》的规定在财务报表中作出恰当列报。

任务设计案例

设计目的:掌握长期股权投资审计的实质性程序。

案例资料:注册会计师审计 ABC 公司 2018 年度长期股权投资,发现以下情况:

（1）ABC 公司长期股权投资仅有对 G 公司的一项投资,"长期股权投资"项目数额为 10 000 000 元,投资收益项目数额为 1 200 000 元。

（2）查阅相关账簿及资料,了解到该公司于 2018 年 1 月购入 G 公司股票1 000 000 股,每股 10 元,共支付 10 000 000 元,占 G 公司股份总额的 30%。

（3）2018 年年末,G 公司实现税后利润 5 000 000 元,并发放给该公司股利 1 100 000元,股利已收到并存入银行。

设计要求:将全班同学分成若干小组,每组推选 1 名同学担任组长,各组成员分别根据上述资料讨论 ABC 公司上述处理中存在的问题,并代注册会计师提出相应的审计建议。同时,核实 2018 年年末 ABC 公司"长期股权投资"和"投资收益"项目的实有数。

任务三　筹资循环的控制测试

务扫描

明确筹资循环内部控制的内容,掌握筹资循环控制测试的程序和方法。

知识准备

一、筹资循环涉及的主要凭证与会计记录

筹资循环涉及的主要凭证与会计记录包括公司债券、股本凭证、债券契约、股东名册、公司债券存根簿、承销或包销协议、借款合同或协议。

二、筹资循环涉及的主要业务活动

筹资循环涉及的主要业务活动包括审批授权、签订合同或协议、取得资金、计算利息或股利、偿还本息或发放股利等。

在审批授权上,企业通过借款筹集资金需经管理当局的审批。其中,债券的发行每次均要由董事会授权;企业发行股票必须依据国家有关法规或企业章程的规定,报经企业最高权力机构(如董事会)及国家有关管理部门批准。企业向银行或其他金融机构融资须签订借款合同,发行债券须签订债券契约和债券承销或包销合同。企业实际取得银行或金融机构划入的款项或债券、股票的融入资金后,应按有关合同或协议的规定,及时计算利息或股利,并按有关合同(协议)的规定或股东大会的决定偿还本息或发放股利。

三、筹资循环内部控制的内容

筹资循环的内部控制一般包括以下内容。

(一)适当的授权审批

企业的借款、发行债券业务必须建立授权审批制度,明确审批管理权限。一般而言,董事会应根据企业生产经营的需要,经充分论证,对有关筹资方案进行立项,并授权财务经理提交筹资计划后,再履行审批手续。需要向银行或其他金融机构借入银行借款的,董事会应授权财会部门向银行提出借款申请,说明借款原因、借款用途、使用时间、使用计划、归还期限和归还计划等。申请发行债券时,应严格执行国家的有关法规制度,有关部门按规定备齐各种申请文件,报国家证券管理部门审批。

（二）职责分工

筹资业务中的职务分离包括：(1)筹资计划编制人与审批人适当分离；(2)筹资业务的经办人与会计记录人员分离，通常由独立的机构代理发行债券；(3)会计记录人员与负责收、付款的人员分离；(4)证券保管人员与会计记录人员分离；(5)筹资业务的明细账和总账的登记分离。

（三）签订合同或协议

企业向银行或其他金融机构借款必须签订借款合同或协议。财会部门接受董事会授权后，应与银行或其他金融机构的代表具体商讨有关借款细节，达成意向后提交有关担保、抵押的文件，协商一致后签订借款合同。企业发行债券必须签订债券契约，其内容包括：债券发行标准，债券的确切表述，利息或利息率，受托管理人证书，登记和背书，所担保的财产，债券发生拖欠情况的处理，以及对偿债基金、利息支付、本金返还等的处理。企业向社会发行债券时，应当聘请独立的证券经营机构承销或包销，且必须与其签订承销或包销协议。债券的发行，要由受托管理人来行使保护发行人和持有人合法权益的权利。

（四）完善的实物保管控制

对于已发行的债券，企业应设置债券持有人明细账（债券存根簿），由专人负责详细记载以下内容：债券持有人的姓名或名称及住所，债券持有人取得债券的日期及债券的编号，债券的总额、票面额、利率、还本付息的期限和方式，债券的发行日期；由独立人员定期核对债券持有人明细账和总分类账的正确性和完整性。若这些记录由外部机构保存，则定期同外部机构核对。对未发行的债券必须预先编号，由专人保管或委托外部独立机构代为保管。同时，应设立债券库存登记簿，详细记录未发行债券的动用情况。独立检查人员必须定期检查未发行债券的数量和保管情况。已收回的债券要及时注销或盖章作废，以防不合法使用。

（五）取得资金

企业向银行或其他金融机构借入的款项、企业通过发行债券所得款项应及时如数存入其开户行。

（六）监督借款使用

取得借款后，财会部门应监督借款按规定的用途使用，不得挪作他用或不合理占用。

（七）偿还本息

财会部门应合理调度资金，保证企业能够按期还本付息。对于银行借款或债券，应按有关合同、协议或债券契约的规定支付利息，到期偿还本金。债券利息通常委托外部独立机构代理发放,以便加强管理。

（八）完善的会计核算制度

企业对借款业务活动应按会计准则和会计制度的规定进行会计核算和披露。保证及时地按正确的金额、合理的方法,在适当的账户和合理的会计期间予以正确记录。企业还应按有关合同、协议或债券契约的规定及时计算借款或债券利息。对债券的溢价、折价,应当选用适当的摊销方法;利息的支付必须计算正确后记入对应账户。

提示窗

筹资循环的内部控制旨在确保筹资交易真实的发生;已发生并记录的筹资交易均已以恰当的金额记入恰当的期间和恰当的账户。

任务设计案例

设计目的:掌握筹资循环内部控制测试的程序和方法。

案例资料:山东省某村的林某在深圳通过中介公司在香港正式注册了"Y(香港)国际投资有限公司"。之后,打着国际投资公司的招牌,林某纠集了另外13位村民,以投资合作为借口,诈骗了全国20多个省份的100多家企业,涉案合同金额达100多亿元,骗走现金超过500万元。在该公司注册当年的6—8月,河南省D公司的总经理陈某为了开发一个很有前途的项目,经过几番波折,与该公司正式签订了筹资合同,约定由该公司投资5 000万元,年回报利息为7%,45天内资金到位。两个月过去了,资金却始终没有到位,等到陈某意识到受骗时,已经被骗取了57万多元。

设计要求:本案例中,虽然每家企业平均被骗的金额仅有几万元,但却反映了这些企业筹资环节内部控制存在很大的缺陷。将全班同学分成若干小组,每组推选1名同学担任组长,各组成员分别针对上述资料显示的问题,对取得资金来源如何建立内部控制,如何防范筹资渠道带来的风险给出建议。

任务四　借款的审计

任务扫描

明确借款的审计目标,掌握短期借款、长期借款审计的实质性程序。

一、借款的含义

借款属于负债项目,是企业承担的一项经济义务。借款包括短期借款、长期借款和应付债券。一般情况下,被审计单位不会高估负债,因为这样对自身不利,且难以与债权人的会计记录相互印证。所以,注册会计师在执行借款业务审计时,应将被审计单位是否低估借款作为一个关注点。

提示窗

低估债务通常伴随着低估成本费用从而高估利润,因此低估债务不仅影响对财务状况的反映,而且会极大地影响对企业经营成果的反映。

二、借款的审计目标

借款的审计目标包括如下五个方面:

(1)确定资产负债表中列示的借款是否存在;

(2)确定所有应当列示的借款均已列示;

(3)确定列示的借款是否为被审计单位应当履行的现时义务;

(4)确定借款是否以恰当的金额列示在财务报表中,与之相关的计价调整是否已恰当记录;

(5)确定借款是否已按照《企业会计准则》的规定在财务报表中作出恰当列报。

任务设计案例

设计目的:掌握长期借款审计的实质性程序。

案例资料:L公司为了增加产品品种,增强市场竞争能力,2015年5月申请长期借款192 000元购置一台新设备。计划3个月内安装调试结束,投入生产。预计每月增加产值40 000元,产值利润率为20%,每月增加利润8 000元,两年后还清借款。该项设备于2015年10月完工投产,审计人员于2016年1月对该公司长期借款进行审计,得到以下资料:

(1)10月,增加产值20 000元,增加销售收入14 000元,增加利润3 400元;

(2)11月,增加产值30 000元,增加销售收入24 000元,增加利润5 300元;

（3）12 月，增加产值 40 000 元，增加销售收入 30 000 元，增加利润 6 400 元；

3 个月共计增加产值 90 000 元，增加销售收入 68 000 元，增加利润 15 100 元。

该公司 2015 年计划利润为 560 000 元，实际完成 619 000 元。12 月用利润归还长期借款 18 000 元，支付利息 5 400 元。

设计要求：将全班同学分成若干个小组，每组推选 1 名同学担任组长，各组成员分别根据上述资料对 L 公司长期借款的使用与偿还作出恰当的评价。

项目十一

货币资金的审计

学习目标

●了解货币资金的内部控制。
●掌握货币资金控制测试的方法。
●明确库存现金和银行存款的审计目标。
●掌握库存现金和银行存款的实质性程序。
●掌握货币资金审计工作底稿的编制方法。

提示窗

　　货币资金是企业流动性最强的一种资产,持有一定数额的货币资金是企业生产经营活动的基本条件;货币资金主要来源于资本的投入和营业收入,主要用于资产的取得和费用的支付;货币资金按存放的地点和用途不同,可分为库存现金、银行存款和其他货币资金。

　　本项目主要引导学生掌握货币资金控制测试的方法,明确库存现金和银行存款的审计目标,掌握库存现金和银行存款的实质性程序,掌握货币资金审计工作底稿的编制方法。

　　学习时,要根据货币资金审计的工作过程来体会货币资金审计的目标,理解对库存现金和银行存款实施控制测试和实质性程序的意义,区别库存现金和银行存款审计的异同,提高对货币资金审计重要性的认识。

任务一 货币资金的控制测试

任务扫描

明确货币资金内部控制的内容,掌握货币资金控制测试的程序和方法。

知识准备

一、货币资金涉及的主要凭证与会计记录

货币资金涉及的主要凭证与会计记录包括现金盘点表、银行对账单、银行存款余额调节表、有关科目的记账凭证、有关会计账簿等。

二、货币资金与交易循环

货币资金与交易循环的业务活动总是存在密切的联系:在销售与收款循环中,企业产品的销售、劳务的提供会导致货币资金的增加;在采购与付款循环中,企业购买固定资产、无形资产和存货等会导致货币资金的减少;在生产与存货循环中,企业支付各种费用会导致货币资金的减少;在人力资源与工薪循环中,企业支付各种人工费用会导致货币资金的减少;在筹资循环中,企业发行股票、债券,向银行或其他金融机构借款时会导致货币金的增加,而还本付息、支付股利则会导致货币资金的减少;在投资循环中,企业购买股票、债券会导致货币资金的减少,而收回投资、收取股利和利息则会导致货币资金的增加。

三、货币资金内部控制的内容

为了确保货币资金的安全和完整,被审计单位应当根据国家有关法律法规的规定,结合本部门或系统实际,建立适合本企业业务特点和管理要求的货币资金内部控制制度,并组织实施。

货币资金的内部控制一般包括岗位分工及授权批准、现金和银行存款的管理、票据及有关印章的管理、监督检查四个方面的内容。

(一)岗位分工及授权批准

(1)建立货币资金业务的岗位责任制,明确相关部门和岗位的职责权限,确保办理货币资金业务的不相容岗位相互分离、制约和监督。出纳人员不得兼任稽核、会计档案保管和收入、支出、费用、债权债务账目的登记工作。企业不得由一人办理货币资金业

务的全过程。

（2）对货币资金业务建立严格的授权批准制度,明确审批人对货币资金业务的授权批准方式、权限、程序、责任和相关控制措施,规定经办人办理货币资金业务的职责范围和工作要求。审批人应当根据货币资金授权批准制度的规定,在授权范围内进行审批,不得超越审批权限。经办人应当在职责范围内,按照审批人的批准意见办理货币资金业务。对于审批人超越授权范围审批的货币资金业务,经办人员有权拒绝办理,并及时向审批人的上级授权部门报告。

（3）按照规定的程序办理货币资金支付业务:①支付申请。企业有关部门或个人用款时应当提前向审批人提交货币资金支付申请,注明款项的用途、金额、预算、支付方式等内容,并附有效经济合同或相关证明。②支付审批。审批人根据其职责、权限和相应程序对支付申请进行审批。对不符合规定的货币资金支付申请,审批人应当拒绝批准。③支付复核。复核人应当对批准后的货币资金支付申请进行复核,复核货币资金支付申请的批准范围权限、程序是否正确,手续及相关单证是否齐备,金额计算是否准确,支付方式、支付企业是否妥当等。复核无误后,交由出纳人员办理支付手续。④办理支付。出纳人员应当根据复核无误的支付申请,按规定办理货币资金支付手续,及时登记库存现金和银行存款日记账。

（4）对于重要货币资金支付业务,应当实行集体决策和审批,并建立责任追究制度,防范贪污、侵占、挪用货币资金的行为。

（5）严禁未经授权的机构或人员办理货币资金业务或直接接触货币资金。

（二）现金和银行存放的管理

（1）加强现金库存限额的管理,超过库存限额的现金应及时存入银行。

（2）根据《现金管理暂行条例》的规定,结合本企业的实际情况,确定本企业现金的开支范围,不属于现金开支范围的业务应当通过银行办理转账结算。

（3）现金收入应当及时存入银行,不得用于直接支付企业自身的支出。因特殊情况需支付现金的,应事先报经开户银行审查批准。

（4）款项借出必须执行严格的授权批准程序,严禁擅自挪用、借出货币资金。

（5）企业取得的货币资金收入必须及时入账,不得私设"小金库",不得账外设账,严禁收款不入账。

（6）严格按照《支付结算管理办法》等国家有关规定,加强银行账户的管理,严格按照规定开立账户,办理存款、取款和结算;要定期检查、清理银行账户的开立及使用情况,发现问题,及时处理;要加强对银行结算凭证的填制、传递及保管环节的管理与控制。

（7）严格遵守银行结算纪律,不准签发没有资金保证的票据或远期支票,套取银行信用;不准签发、取得和转让没有真实交易和债权债务的票据,套取银行和他人资金;不准无理拒绝付款,任意占用他人资金;不准违反规定开立和使用银行账户。

(8)指定专人定期核对银行账户,每月至少核对一次,编制银行存款余额调节表,使银行存款账面余额与银行对账单调节相符。如调节不符,应查明原因,及时处理。

(9)定期和不定期地进行现金盘点,确保现金账面余额与实际库存相符。发现不符,及时查明原因,作出处理。

(三)票据及有关印章的管理

(1)加强与货币资金相关的票据的管理,明确各种票据的购买、保管、领用、背书转让、注销等环节的职责权限和程序,并专设登记簿进行记录,防止空白票据的遗失和被盗用。

(2)加强银行预留印鉴的管理。财务专用章应由专人保管,个人名章必须由本人或其授权人员保管;严禁一人保管支付款项所需的全部印章;按规定需要有关负责人签字或盖章的经济业务,必须严格履行签字或盖章手续。

(四)监督检查

建立对货币资金业务的监督检查制度,明确监督检查机构或人员的职责权限,定期和不定期地进行检查。监督检查包括以下内容。

(1)货币资金业务相关岗位及人员的设置情况,重点检查是否存在货币资金业务不相容职务混岗的现象。

(2)货币资金授权批准制度的执行情况,重点检查货币资金支出的授权批准手续是否健全,是否存在越权审批行为。

(3)支付款项印章的保管情况,重点检查是否存在办理付款业务所需的全部印章交由一人保管的现象。

(4)票据的保管情况,重点检查票据的购买、领用、保管手续是否健全,票据保管是否存在漏洞。对监督检查过程中发现的货币资金内部控制中的薄弱环节,应当及时采取措施,加以纠正和完善。

任务设计案例

设计目的:掌握货币资金内部控制评审的程序和方法。

案例资料:注册会计师对 Q 公司 20××年度财务报表实施审计,审计中对 Q 公司的货币资金内部控制进行了解,发现以下情况。

(1)Q 公司设立出纳员。出纳员负责办理现金、银行存款收支业务,登记库存现金日记账和银行存款日记账,并兼任会计档案保管职务。月底,出纳员取得银行对账单并编制银行存款余额调节表。

(2)Q 公司对货币资金支付建立了授权批准制度。审批人根据货币资金授权批准制度的规定,一般情况下在授权范围内进行审批,同时也可以超越审批权限审批,事后再按审批程序补办手续。

（3）Q 公司采取分散收款方式。各部门收款员所收现金每隔 3 天向财务部门出纳员汇总解交一次。

设计要求：将全班同学分成若干组，每组推选 1 名同学担任组长，各组成员分别根据上述资料指出 Q 公司货币资金内部控制中存在的缺陷并简要说明理由，同时提出改进建议。

任务二　库存现金的审计

任务扫描

明确库存现金的审计目标，掌握库存现金审计的实质性程序。

知识准备

一、库存现金的含义

库存现金是企业为了满足经营过程中零星支付需要而保留的现金，包括人民币现金和外币现金。库存现金是企业流动性最强的资产，尽管其在企业资产总额中所占比重不大，但企业发生的舞弊大都与库存现金有关。

二、库存现金的审计目标

库存现金的审计目标包括以下五方面。

（1）确定被审计单位资产负债表的货币资金项目中的库存现金在资产负债表日是否确实存在。

（2）确定被审计单位所有应当记录的现金收支业务是否均已记录完毕，有无遗漏。

（3）确定记录的库存现金是否为被审计单位所拥有或控制。

（4）确定库存现金以恰当的金额包括在财务报表的货币资金项目中，与之相关的计价调整已恰当记录。

（5）确定库存现金是否已按照《企业会计准则》的规定在财务报表中作出恰当列报。

任务设计案例

设计目的：掌握库存现金的实质性程序。

案例资料:2020 年 1 月 20 日,注册会计师张某和李某在对 Q 公司 2019 年 12 月 31 日资产负债表审计中,查得"货币资金"项目中的库存现金为 1 062.10 元。2020 年 1 月 21 日上午 8 时,张某和李某对该公司出纳员王某所经管的库存现金进行了清点。该公司 2020 年 1 月 20 日库存现金日记账余额为 832.10 元,清点结果如下:

(1)库存现金实有数 627.34 元。

(2)在保险柜中有下列单据已收、付款但未入账:①职工刘某预借差旅费 200 元,已经领导批准;②职工刘刚借据一张,金额为 140 元,未经领导批准,也没有说明用途;③已收款但未记账的凭证共 4 张,金额为 135.24 元。

(3)银行核定该公司库存现金限额为 800 元。

(4)经核对,2020 年 1 月 1—20 日的收付款凭证和库存现金日记账,核实 1 月 1—20 日收入现金数为 2 350 元、支出现金数为 2 580 元正确无误。

设计要求:将全班同学分成若干小组,每组推选 1 名同学担任组长,各组成员分别根据上述资料编制库存现金盘点表,核实库存现金实有数,并调整核实,2019 年 12 月 31 日资产负债表所列数字是否正确,对现金收支、留存管理的合理性提出审计意见。

任务三　银行存款的审计

任务扫描

明确银行存款的审计目标,掌握银行存款审计的实质性程序。

知识准备

一、银行存款的含义

银行存款是指企业存放在银行或其他金融机构的各种款项。按照国家有关规定,凡是独立核算的企业都必须在当地银行开设账户。企业在银行开设账户以后,除按核定的限额保留库在现金外,超过限额的现金必须存入银行;除了在规定的范围内可以用现金支付款项外,在经营过程中所发生的一切货币收支业务,都必须通过银行存款账户进行结算。

二、银行存款的审计目标

银行存款的审计目标包括以下五方面。

(1)确定被审计单位资产负债表的货币资金项目中的银行存款在资产负债表日是

否确实存在。

（2）确定被审计单位所有应当记录的银行存款收支业务是否均已记录完毕,有无遗漏。

（3）确定记录的银行存款是否为被审计单位所拥有或控制。

（4）确定银行存款以恰当的金额包括在财务报表的货币资金项目中,与之相关的计价调整已恰当记录。

（5）确定银行存款是否已按照《企业会计准则》的规定在财务报表中作出恰当列报。

○───◁ **任务设计案例** ▷

设计目的: 掌握银行存款审计的实质性程序。

案例资料: 注册会计师对 E 公司 2020 年 12 月 31 日的资产负债表进行审计。在审查资产负债表"货币资金"项目时,发现该公司 2020 年 12 月 31 日的银行存款数为 33 500 元,派审计助理人员向开户银行取得对账单一张,2020 年 12 月 31 日的银行对账中存款余额为 42 000 元。另外,查有下列未到达账款和记账差错。

（1）12 月 24 日公司送存转账支票 5 800 元,银行尚未入账。

（2）12 月 26 日公司开出转账支票 5 300 元,持票人尚未到银行办理转账手续。

（3）12 月 28 日委托银行收款 10 300 元,银行已收妥入账,但收款通知尚未到达该公司。

（4）12 月 30 日银行代付水费 3 150 元,但银行付款通知单尚未到达该公司。

（5）12 月收到银行收款通知单金额为 3 850 元,公司入账时将银行存款增加错记成 3 500 元。

设计要求: 将全班同学分成若干个小组,每组推选 1 名同学担任组长,各组成员分别根据上述资料编制银行存款余额调节表,核实 2020 年 12 月 31 日资产负债表上"货币资金"项目中银行存款数额的正确性。

项目十二

审计报告的编制

学习目标

- 明确审计终结阶段的主要任务。
- 明确审计报告的意义和基本内容。
- 明确标准审计报告的条件。
- 明确非标准审计报告的条件。
- 掌握审计报告的编制方法。

项目导航

审计报告是审计人员在完成审计工作后向委托(委派)人提交的最终产品。为了明确责任,审计人员应当在审计报告中清楚地表达对财务报表的意见,并对出具的审计报告负责。审计报告按其使用目的或公开程度分类,可以分为公布的审计报告和非公布的审计报告;按其性质分类,可以分为标准审计报告和非标准审计报告。

本项目主要引导学生明确审计终结阶段应完成哪些工作,明确审计报告的基本内容和不同意见,审计报告应符合的条件,掌握审计报告编制的方法。

学习时,要根据实际查明的情况,结合重要性标准、可接受的审计风险以及各种审计报告符合的条件,判明应发表什么意见,并掌握审计报告的编制方法。

任务一　审计终结阶段的主要任务

任务扫描

明确审计终结阶段的主要工作内容,初步掌握相关工作的程序和方法。

知识准备

在审计终结阶段,审计工作的主要任务包括:(1)评价审计中的重大发现;(2)汇总审计差异;(3)评价独立性和道德问题;(4)考虑被审计单位持续经营假设的合理性;(5)撰写审计总结;(6)复核审计工作底稿和财务报表(包括评价审计结果,确定应出具审计报告的意见类型和措辞,与客户沟通);(7)获取书面声明;(8)编制和致送审计报告。在此阶段,各主要任务与审计实施阶段的有关基础工作是密切关联的。例如,审查期初余额和比较数据、关注或有事项和期后事项、复核审计工作底稿等。

任务设计案例

设计目的:掌握评价独立性和道德问题的方法。

案例资料:ABC 会计师事务所接受委托,承办 V 商业银行 2019 年度会计报表审计业务,并于 2019 年年底与 V 商业银行签订了审计业务约定书。ABC 会计师事务所指派注册会计师李某和王某为该审计项目负责人。审计中,发现如下情况。

(1)V 商业银行以 2019 年度经营亏损为由,要求 ABC 会计师事务所降低一定数额的审计收费,但允诺给予其正在申请的购买办公楼的按揭贷款利率予以相应优惠。ABC 会计师事务所同意了 V 商业银行的要求,并与之签订了补充协议。

(2)注册会计师李某持有 V 商业银行的股票 100 股,市值约 500 元。由于数额较小,注册会计师李某未将该股票售出,也未予以回避。

(3)注册会计师王某的妹妹在 V 商业银行财务部从事会计核算工作,但非财务部负责人。注册会计师王某未予以回避。

(4)由于计算机专家张先生曾在 V 商业银行信息部工作,且参与了其现行计算机信息系统的设计,ABC 会计师事务所特聘张先生协助测试 V 商业银行的计算机信息系统。

(5)ABC 会计师事务所与 V 商业银行信贷评审部进行业务合作:由信贷评审部介绍需要审计的贷款客户,ABC 会计师事务所负责审计工作,最后由信贷评审部复核审计质量。鉴于双方各自承担的工作,相关审计收费由双方各按 50%的比例分配。

设计要求:根据以上情况,分别判断 ABC 会计师事务所和注册会计师李某和王某是否违反《中国注册会计师职业道德守则》的相关规定,并简要说明理由。

任务二 审计报告意见的形成

任务扫描

明确审计意见的类型和不同审计报告符合的条件,掌握不同意见审计报告判断的方法。

知识准备

一、审计报告意见的类型

审计报告按其性质分类可分为标准审计报告和非标准审计报告。

当注册会计师出具无保留意见的审计报告,不含有说明段、强调事项段、其他事项段或其他任何修饰性用语时,该报告称为标准审计报告。标准审计报告包含的审计报告要素齐全,属于无保留意见,且不附加说明段、强调事项、其他事项段或任何修饰性用语。

非标准审计报告是指标准审计报告以外的其他审计报告,包括带强调事项段或其他事项段的无保留意见审计报告、带强调事项段或其他事项段的保留意见审计报告、保留意见审计报告、否定意见审计报告和无法表示意见的审计报告。

二、符合"标准审计报告"的条件

标准审计报告是不带附加的无保留意见的审计报告,注册会计师编制该类审计报告意味着,通过实施审计工作,认为被审计单位财务报表的编制符合合法性和公允性的要求,合理保证财务报表不存在重大错报。编制标准审计报告需符合下列条件。

(1)财务报表已经在所有重大方面按照《企业会计准则》的规定编制,公允反映了被审计单位的财务状况、经营成果和现金流量。

(2)注册会计师已按《中国注册会计师审计准则》的规定计划和执行了审计工作,在审计过程中未受到限制。

(3)不存在应调整或披露而被审计单位未予调整或披露的重要事项。

提示窗

在评价财务报表是否按照适用的财务报告编制基础编制时,注册会计师应当考虑:①财务报表是否充分披露了选择和运用的重要会计政策;②选择和运用的会计政策是否符合适用的《企业会计准则》,并适合被审计单位的具体情况;③管理层作出的会计估计是否合理;④财务报表反映的信息是否具有相关性、可靠性、可比性和可理解性;⑤财务报表是否作出充分披露,使财务报表使用者能够理解重大交易和事项对被审计单位财务状况、经营成果和现金流量的影响;⑥财务报表使用的术语(包括每一财务报表的标题)是否适当。

在评价财务报表是否实现公允反映时,注册会计师应当考虑:①财务报表的整体列报、结构和内容是否合理;②财务报表是否公允地反映了相关交易和事项。

三、符合"带强调事项段或其他事项段的审计报告"的条件

审计报告的强调事项段是指注册会计师在审计意见段之后增加的对重大事项予以强调的段落。这里所述的强调事项应当是:①可能对财务报表产生重大影响,但被审计单位进行了恰当的会计处理,且在财务报表中作出充分披露;②不影响注册会计师发表的审计意见。

提示窗

下列事项,在不影响注册会计师已发表审计意见的情况下,如果认为有必要提醒财务报表使用者关注,且根据职业判断认为对财务报表使用者理解财务报表至关重要,注册会计师在已获取充分、适当的审计证据证明该事项在财务报表中不存在重大错报的条件下,应当在审计报告中增加强调事项段对此予以强调:①异常诉讼或监管行动的未来结果存在不确定性;②提前应用对财务报表有广泛影响的新会计准则;③已经或持续对被审计单位财务状况产生重大影响的特大灾难,并且被审计单位已经在财务报表中列报或披露。

审计报告的其他事项段是指注册会计师在强调事项或其他位置增加的对重大事项予以强调的段落。这是所述的"其他事项"应当是:①可能与财务报表使用者理解审计工作、注册会计师的责任等方面有关,且未被法律法规禁止,但被审计单位未在财务报表中列报或披露;②不影响注册会计师发表的审计意见。

四、符合"保留意见审计报告"的条件

保留意见是指审计人员认为被审计单位的经营活动和财务报表在整体上是公允的,但对某些问题还不能作出肯定或否定回答,个别方面可能存在的重要错误或问题又不足以使财务报表失效而相应作出保留若干意见的评价。如果认为财务报表整体是公允的,但还存在下列情形之一,注册会计师应当出具保留意见审计报告。

(1)在获取充分、适当的审计证据后,注册会计师认为错报对财务报表影响重大,但不具有广泛性。

(2)注册会计师无法获取充分、适当的审计证据作为形成审计意见的基础,但认为未发现的错报(如果存在)可能对财务报表产生重大影响,但不具有广泛性。

提示窗

发表保留意见时,注册会计师应当修改对注册会计师责任的描述:"注册会计师相信,注册会计师已获取的审计证据是充分、适当的,为发表保留意见提供了基础。"

当由于财务报表存在重大错报而发表保留意见时,注册会计师应当根据适用的财务报告编制基础在审计意见段中说明:"注册会计师认为,除了导致保留意见的事项段所述事项产生的影响外,财务报表在所有重大方面按照适用的财务报告编制基础编制,并实现公允反映。"

当无法获取充分、适当的审计证据而导致发表保留意见时,注册会计师应当在审计意见段中使用"……可能产生的影响外"等措辞。

五、符合"否定意见审计报告"的条件

否定意见是指审计人员认为被审计单位在经营活动中存在严重违法乱纪行为或会计处理严重违反《企业会计准则》,致使财务报表严重歪曲财务状况和经营成果而给予的一种否定的评价。在获取充分、适当的审计证据后,如果认为错报对财务报表影响重大,且具有广泛性,注册会计师应当出具否定意见审计报告。

提示窗

当发表否定意见时,注册会计师应当修改对注册会计师责任的描述:"注册会计师相信,注册会计师已获取的审计证据是充分、适当的,为发表否定意见提供了基础。"注册会计师还应当根据适用的财务报告编制基础在审计意见段中说明:"注

册会计师认为,由于导致否定意见的事项段所述事项的重要性,财务报表没有在所有重大方面按照适用的财务报告编制基础编制,未能实现公允反映。"

六、符合"无法表示意见审计报告"的条件

无法表示意见是指审计人员在审计过程中因未搜集到足够的审计证据,无法对被审计单位的财务报表发表确切的审计意见所表示的一种不作评价的意见。

审计人员在审计过程中,由于审计范围受到委托人、被审计单位或客观环境的严重限制,诸如因被审计单位未能提供必要的会计资料使审计工作无法进行,或因受技术条件限制而难以对多项重要业务进行查证等,不能获取必要的审计证据,以致无法对财务报表整体反映发表审计意见时,应当出具无法表示意见审计报告。如果无法获取充分、适当的审计证据作为形成审计意见的基础,但认为未发现的错报(如果存在)可能对财务报表产生重大影响且具有广泛性,注册会计师应当出具无法表示意见审计报告。

在极其特殊的情况下,可能存在多个不确定事项。即使注册会计师对每个单独的不确定事项获取了充分、适当的审计证据,但由于不确定事项之间可能存在相互影响,以及可能对财务报表产生的累积影响,注册会计师不可能对财务报表形成审计意见。在这种情况下,注册会计师应当出具无法表示意见审计报告。

🧊 提示窗

当由于无法获取充分、适当的审计证据而出具无法表示意见审计报告时,注册会计师应当修改审计报告的引言段,说明注册会计师接受委托审计财务报表。注册会计师还应当修改对注册会计师责任和审计范围的描述,并仅能作出如下说明:"我们是在按照《中国注册会计师审计准则》的规定执行审计工作的基础上对财务报表发表审计意见的,但由于导致无法表示意见的事项段中所述的事项,我们无法获取充分、适当的审计证据以为发表审计意见提供基础。"

任务设计案例

设计目的:审计意见确定的方法。

案例资料:×会计师事务所的注册会计师王某和张某对 Z 股份有限公司 2015 年度的财务报表进行审计,确定的财务报表层次重要性水平为 60 万元(该企业属于高风险企业)。完成审计工作的日期是 2016 年 1 月 26 日,并于 2016 年 1 月 28 日递交审计报告。Z 股份有限公司 2015 年度审计前利润总额为 200 万元。注册会计师王某和张某经审计发现该公司在以下 3 个事项上存在问题。

（1）2015 年 3 月 1 日，公司为增加营运资金按面值发行了 2 年期、面值为 6 000 万元、票面利率为年利率 4% 的企业债券，当日筹足资金并按规定作了相应的会计处理（债券发行费用忽略不计），但当年未计提债券利息。

（2）2015 年 10 月 31 日，公司盘点产成品仓库，发现甲产品短缺 3 万元，作了借记"待处理财产损溢"科目 3 万元、贷记"库存商品"科目 3 万元的会计处理。2016 年 1 月查清短缺原因系管理不善。由于结账时间在前，公司未在 2015 年度财务报表中包含对这一经济业务的相应会计处理。

（3）2015 年 4 月，公司购买价格为 600 万元的机器设备一台并入账，当月启用。但当年未计提折旧。公司采用平均年限法核算固定资产折旧，该类固定资产预计使用年限为 10 年，预计净残值率为 5%。

设计要求：将全班同学分成若干小组，每组推选 1 名同学担任组长，各组成员分别根据案例资料就如下问题开展讨论。

（1）假如 Z 股份有限公司对以上 3 个事项存在的问题都拒绝进行调整，注册会计师应编制哪种类型的审计报告？请说明理由。

（2）假如 Z 股份有限公司只对以上（1）事项未计提债券利息进行调整，对后两个事项拒绝调整，注册会计师应编制哪种类型的审计报告？请说明理由。

（3）假如 Z 股份有限公司只对以上（1）事项未计提债券利息和（2）事项待处理财产损溢进行调整，对（3）事项未计提折旧拒绝调整，注册会计师应编制哪种类型的审计报告？请说明理由。

任务三　审计报告的内容和编制

任务扫描

明确审计报告的基本内容，掌握审计报告的编制方法。

知识准备

一、标准审计报告的基本内容

标准审计报告的基本内容包括下列要素。

（1）标题。审计报告的标题应当统一规范为"审计报告"。

（2）收件人。审计报告的收件人是注册会计师按照业务约定书的要求致送审计报告的对象，一般是指审计业务的委托人。针对整套通用目的的财务报表出具的审计报告,审计报告的致送对象通常为被审计单位的股东或治理层。审计报告应当载明收件人的全称。

(3)引言段。审计报告的引言段是用于描述已审计财务报表及其相关内容的段落,具体包括:①指出被审计单位的名称;②说明财务报表已经审计;③指出构成整套财务报表的每一张财务报表的名称;④提及财务报表附注(包括重要会计政策概要和其他解释性信息);⑤指明构成整套财务报表的每一财务报表的日期或涵盖的期间。

(4)管理层对财务报表的责任段。管理层对财务报表的责任段应当说明编制财务报表是管理层的责任,这种责任包括:①按照适用的财务报告编制基础编制财务报表,并使其实现公允反映;②设计、执行和维护必要的内部控制,以使财务报表不存在由于舞弊或错误导致的重大错报。

提示窗

> 在审计报告中指明管理层的责任,有利于区分管理层和注册会计师的责任,降低财务报表使用者误解注册会计师责任的可能性。

(5)注册会计师的责任段。责任段用于说明注册会计师的审计责任,这种责任包括:①注册会计师的责任是在执行审计工作的基础上对财务报表发表审计意见。②注册会计师按照《中国注册会计师审计准则》的规定执行审计工作。《中国注册会计师审计准则》要求注册会计师遵守《中国注册会计师职业道德守则》,计划和执行审计工作以对财务报表是否不存在重大错报获取合理保证。③审计工作涉及实施审计程序,以获取有关财务报表金额和披露的审计证据。选择的审计程序取决于注册会计师的判断,包括对由于舞弊或错误导致的财务报表重大错报风险的评估。在进行风险评估时,注册会计师对财务报表编制和公允列报相关的内部控制,以设计恰当的审计程序,但目的并非对内部控制的有效性发表意见。审计工作还包括评价管理层选用会计政策的恰当性和作出会计估计的合理性,以及评价财务报表的总体列报。④注册会计师相信获取的审计证据是充分、适当的,为其发表审计意见提供了基础。

提示窗

> 如果接受委托,结合财务报表审计对内部控制有效性发表意见,注册会计师应当省略③中"但目的并非对内部控制的有效性发表意见"的表述。

(6)审计意见段。审计意见段应当说明财务报表在所有重大方面是否按照适用的《企业会计准则》的规定编制,是否公允反映了被审计单位的财务状况、经营成果和现金流量。如果认为财务报表符合下列所有条件,注册会计师应当出具无保留意见审计报告:①财务报表在所有重大方面已经按照适用的《企业会计准则》的规定编制,公允反映了被审计单位的财务状况、经营成果和现金流量;②注册会计师已经按照《中国注册会计师审计准则》的规定计划和执行审计工作,在审计过程中未受到限制。

(7)注册会计师签名和盖章。

提示窗

根据《财政部关于注册会计师在审计报告上签名盖章有关问题的通知》(财会〔2001〕1035号)的规定:审计报告应当由两名具备相关业务资格的注册会计师签名盖章并经会计师事务所盖章方为有效。合伙会计师事务所出具的审计报告,应当由一名对审计项目负最终复核责任的合伙人和一名负责该项目的注册会计师签名盖章。有限责任会计师事务所出具的审计报告,应当由会计师事务所任会计师或其授权的副主任会计师和一名负责该项目的注册会计师签名盖章。注册会计师在审计报告上签名并盖章,有利于明确法律责任。

(8)会计师事务所的名称、地址及盖章。

(9)报告日期。注册会计师在确定审计报告日期时,应当确信已获取下列两方面的审计证据:①构成整套财务报表的所有报表(包括相关附注)已编制完成;②被审计单位的董事会、管理层或类似机构已经认可其对财务报表负责。

标准审计报告工作底稿
审计报告

ABC 有限公司:

我们审计了后附的 ABC 有限公司(以下简称贵公司)财务报表,包括 2020 年12 月 31 日的资产负债表和资产减值准备情况表、2020 年度的利润表、所有者权益变动表和现金流量表以及财务报表附注。

一、管理层对财务报表的责任

按照《企业会计准则》和《企业会计制度》的规定,编制财务报表是贵公司管理层的责任。这种责任包括:(1)设计、实施和维护与财务报表编制相关的内部控制,以使财务报表不存在由于舞弊或错误而导致的重大错报;(2)选择和运用恰当的会计政策;(3)作出合理的会计估计。

二、注册会计师的责任

我们的责任是在实施审计工作的基础上对财务报表发表审计意见。我们按照《中国注册会计师审计准则》的规定执行了审计工作。《中国注册会计师审计准则》

要求我们遵守职业道德规范,计划和实施审计工作以对财务报表是否不存在重大错报获取合理保证。

审计工作涉及实施审计程序,以获取有关财务报表金额和披露的审计证据。选择的审计程序取决于注册会计师的判断,包括对由于舞弊或错误导致的财务报表重大错报风险的评估。在进行风险评估时,我们考虑与财务报表编制相关的内部控制,以设计恰当的审计程序,但目的并非对内部控制的有效性发表意见。审计工作还包括评价管理层选用会计政策的恰当性和作出会计估计的合理性,以及评价财务报表的总体列报。

我们相信,我们获取的审计证据是充分、适当的,为发表审计意见提供了基础。

三、审计意见

我们认为,贵公司财务报表已经按照《企业会计准则》和《企业会计制度》的规定编制,在所有重大方面公允反映了贵公司 2020 年 12 月 31 日的财务状况以及 2020 年度的经营成果和现金流量。

×××会计师事务所

(盖章)

(电话:0371-××××××)

郑州市黄河路×××号

中国注册会计师:×××

(签名并盖章)

中国注册会计师:×××

(签名并盖章)

20××年×月×日

二、带强调事项段或其他事项段的无保留意见非标准审计报告的内容

(一)带强调事项段的无保留意见审计报告的内容

与标准审计报告的基本内容相比较,带强调事项段的无保留意见审计报告包括的内容只需在标准审计报告的审计意见段后面增加"强调事项"段,用于描述已在财务报表中恰当列报或披露,但根据注册会计师的职业判断,对财务报表使用者理解财务报表至关重要的事项。

(二)带其他事项段的无保留意见审计报告的内容

与标准审计报告的基本内容相比较,带其他事项段的无保留意见审计报告包括的内容只需在标准审计报告的审计意见段或其他适当位置增加"其他事项"段,用于描述未在财务报表中列报或披露,但根据注册会计师的职业判断,对财务报表使用者理解审计工作,以及注册会计师的责任或审计报告相关的事项。

提示窗

其他事项段在审计报告中放置的位置取决于拟沟通信息的性质:若是旨在提醒使用者关注、理解与财务报表审计相关的事项,该段落应置于审计意见段和强调事项段之后;若是旨在提醒使用者关注与审计报告中提及的其他报告责任相关的事项,该段落应置于"按照相关法律法规的要求报告的事项"内;当其他事项段与注册会计师的责任或使用者理解审计报告相关时,可置于"对财务报表出具的审计报告"和"按照相关法律法规的要求报告的事项"之后。

带强调事项段的无保留意见审计报告的参考格式如下。

带强调事段的无保留意见审计报告工作底稿
审计报告

ABC 股份有限公司全体股东:

我们审计了后附的 ABC 股份有限公司(以下简称 ABC 公司)财务报表,包括 2020 年 12 月 31 日的资产负债表,2020 年度的利润表、现金流量表和股东权益变动表以及财务报表附注。

一、管理层对财务报表的责任

按照《企业会计准则》和《企业会计制度》的规定编制财务报表是 ABC 公司管理层的责任。这种责任包括:(1)设计、实施和维护与财务报表编制相关的内部控制,以使财务报表不存在由于舞弊或错误而导致的重大错报;(2)选择和运用恰当的会计政策;(3)作出合理的会计估计。

二、注册会计师的责任

我们的责任是在实施审计工作的基础上对财务报表发表审计意见。我们按照《中国注册会计师审计准则》的规定执行了审计工作。《中国注册会计师审计准则》要求我们遵守职业道德规范,计划和实施审计工作以对财务报表是否不存在重大错报获取合理保证。

审计工作涉及实施审计程序,以获取有关财务报表金额和披露的审计证据。选择的审计程序取决于注册会计师的判断,包括对由于舞弊或错误导致的财务报表重大错报风险的评估。在进行风险评估时,我们考虑与财务报表编制相关的内部控制,以设计恰当的审计程序,但目的并非对内部控制的有效性发表意见。审计工作还包括评价管理层选用会计政策的恰当性和作出会计估计的合理性,以及评价财务报表的总体列报。

我们相信,我们获取的审计证据是充分、适当的,为发表审计意见提供了基础。

三、审计意见

我们认为,ABC 公司财务报表已经按照《企业会计准则》和《企业会计制度》的规定编制,在所有重大方面公允反映了 ABC 公司 2020 年 12 月 31 日的财务状况以及 2020 年度的经营成果和现金流量。

四、强调事项

我们提醒财务报表使用者关注,如财务报表附注×所述,ABC 公司在 2020 年发生亏损×万元,在 2020 年 12 月 31 日,流动负债高于资产总额×万元。ABC 公司已在财务报表附注×充分披露了拟采取的改善措施,但其持续经营能力仍然存在重大不确定性。本段内容不影响已发表的审计意见。

×××会计师事务所

　　　(盖章)

(电话:0371-××××××)

郑州市黄河路×××号

中国注册会计师:×××

　　　(签名并盖章)

中国注册会计师:×××

　　　(签名并盖章)

20××年×月×日

三、保留意见审计报告的内容

保留意见审计报告的内容与标准审计报告的基本内容相比较:一是在注册会计师的责任段后面增加了"导致保留意见的事项"段,用于说明发表保留意见的理由;二是根据保留意见的性质,在"审计意见"段中表述保留意见,或将标准审计报告的"审计意见"段替换为"保留意见"段,并在该段落中表述保留意见;三是在"注册会计师的责任"段中,应根据保留意见的不同性质作出恰当的表述和措辞。

提示窗

当发表保留意见时,注册会计师应当修改"注册会计师责任"段中的描述:"注册会计师相信,注册会计师已获取的审计证据是充分、适当的,为发表保留意见提供了基础。"当由于财务报表存在重大错报而发表保留意见时,注册会计师应当根据适用的财务报告编制基础在"审计意见"段中说明:"注册会计师认为,除了导致保留意见的事项段所述事项产生的影响外,财务报表在所有重大方面按照适用的财务报告编制基础编制,并实现了公允反映。"

当无法获取充分、适当的审计证据而导致发表保留意见时,注册会计师应当在"保留意见"段中使用"除……可能产生的影响外"等措辞。

保留意见审计报告工作底稿
审计报告

ABC 股份有限公司全体股东:

我们审计了后附的 ABC 股份有限公司(以下简称 ABC 公司)2020 年度的高新技术产品(服务)收入明细表及有关编制说明。

一、管理层的责任

在企业会计准则框架下,按照《高新技术企业认定管理办法》和《高新技术企业认定管理工作指引》的规定,如实编制高新技术产品(服务)收入明细表,是申报企业管理层的责任。这种责任包括:(1)设计、实施和维护与高新技术产品(服务)收入明细表相关的内部控制,以使高新技术产品(服务)收入明细表不存在由于舞弊或错误而导致的重大错报;(2)选择和运用恰当的会计政策;(3)作出合理的会计估计;(4)恰当界定高新技术产品(服务)的具体范围。

二、注册会计师的责任

我们的责任是在实施审计工作的基础上对高新技术产品(服务)收入明细表发表审计意见。《高新技术企业认定专项审计指引》要求我们遵守职业道德规范,计划和实施审计工作以对高新技术产品(服务)收入明细表是否不存在重大错报获取合理保证。

审计工作涉及实施审计程序,以获取有关高新技术产品(服务)收入明细表金额和披露的审计证。选择的审计程序取决于注册会计师的判断,包括对由于舞弊或错误导致的高新技术产品(服务)收入明细表及有关编制说明重大错报风险的评估。在进行风险评估时,我们考虑与高新技术产品(服务)收入明细表编制相关的内部控制,以设计恰当的审计程序,但目的并非对内部控制的有效性发表意见。审计工作还包括评价管理层选用相关会计政策的恰当性和作出相关会计估计的合理性,以及评价高新技术产品(服务)收入明细表的总体列报。我们相信,我们获取的审计证据是充分、适当的,为发表审计意见提供了基础。

三、导致保留意见的事项

ABC 公司 2020 年度的高新技术产品(服务)收入明细表反映的 2020 年度高新技术产品(服务)收入合计为××万元,其中××万元的技术转让收入,由于 ABC 公司未能提供相关文件及凭证,致使我们无法就其获取充分、适当的审计证据。

四、审计意见

我们认为,除前段所述事项可能产生的影响外,ABC 公司 2020 年度高新技术产品(服务)收入明细表已在企业会计准则框架下,按照《高新技术企业认定管理办法》和《高新技术企业认定管理工作指引》的规定编制,在所有重大方面公允反映了 ABC 公司 2020 年度的高新技术产品(服务)收入情况。

五、编制基础从使用限制

我们注意到如高新技术产品(服务)收入明细表编制说明××所述,ABC 公司 2020 年度的高新技术产品(服务)收入明细表是在《企业会计准则》框架下,按照《高新技术企业认定管理办法》和《高新技术企业认定管理工作指引》的规定编制的,可能不适用于其他目的。本报告仅供 ABC 公司申报高新技术企业认定时使用,不得用于其他目的。本段内容不影响已发表的审计意见。

×××会计师事务所

（盖章）

（电话：0371-×××××× ）

中国注册会计师:×××

（签名并盖章）

中国注册会计师:×××

（签名并盖章）

郑州市黄河路×××号

20××年×月×日

四、否定意见审计报告的内容

否定意见审计报告的内容与标准审计报告的内容相比较:一是在"注册会计师的责任"段后增加了"导致否定意见的事项"段,用于说明发表否定意见的理由。二是将标准审计报告中的"审计意见"段替换为"否定意见"段,用于表述否定意见:"我们认为,由于'导致否定意见的事项'段所述事项的重要性,(被审计单位的)财务报表没有在所有重大方面按照《企业会计准则》的规定编制,未能公允反映(被审计单位×时点的)财务状况以及(××××年度的)经营成果和现金流量。"三是在"注册会计师的责任"段中作出了提出否定意见的表述:"我们相信,我们获取的审计证据是充分、适当的,为发表否定意见提供了基础。"

否定意见审计报告工作底稿
审计报告(样例)

ABC 股份有限公司全体股东：

一、对财务报表出具的审计报告

(一)否定意见

我们审计了 AB 公司的财务报表,包括 2018 年 12 月 31 日的合并及母公司资产负债表,2018 年度的合并及母公司利润表、合并及母公司现金流量表、合并及母公司股东权益变动表以及相关财务报表附注。

我们认为,由于"形成否定意见的基础"部分所述事项的重要性,后附的财务报表没有在所有重大方面按照《企业会计准则》的规定编制,未能公允反映 ABC 公司 2018 年 12 月 31 日的合并及母公司财务状况以及 2018 年度的合并及母公司经营成果和现金流量。

(二)形成否定意见的基础

如财务报表附注×所述,2018 年 AB 公司通过非同一控制下的企业合并获得对 XYZ 公司的控制权,因未能取得购买日 XYZ 公司某些重要资产和负债的公允价值,故未将 XYZ 公司纳入合并财务报表的范围。按照《企业会计准则》的规定,AB 公司应将这一子公司纳入合并范围,并以暂估金额为基础核算该项收购。如果将 XYZ 公司纳入合并财务报表的范围,后附的 AB 公司合并财务报表的多个报表项目将受到重大影响。但我们无法确定未将 XYZ 公司纳入合并范围对合并财务报表产生的影响。

我们按照《中国注册会计师审计准则》的规定执行了审计工作。审计报告的"注册会计师对财务报表审计的责任"部分进一步阐述了我们在这些准则下的责任。按照《中国注册会计师职业道德守则》,我们独立于 ABC 公司,并履行了职业道德方面的其他责任。我们相信,我们获取的审计证据是充分、适当的,为发表否定意见提供了基础。

(三)强调事项

我们提醒财务报表使用者关注"财务报表附注×描述了火灾对 ABC 公司的生产设备造成的影响"。本段内容不影响已发表的审计意见。

(四)关键审计事项

关键审计事项是我们根据职业判断,认为对本期财务报表审计最为重要的事项。这些事项的应对以对财务报表整体进行审计并形成审计意见为背景,我们不对这些事项单独发表意见。除"形成否定意见的基础"部分所述事项外,我们确定下列事项是需要在审计报告中沟通的关键审计事项。

按照《中国注册会计师审计准则第 1504 号——在审计报告中沟通关键审计事项》的规定描述每一关键审计事项,如下。

关键审计事项	该事项在审计中是如何应对的
(一) 关键审计事项标题	
事项描述(请根据实际情况增加或删除行)	审计应对
(二) 关键审计事项标题	
事项描述(请根据实际情况增加或删除行)	审计应对
(三) 关键审计事项标题	
事项描述(请根据实际情况增加或删除行)	审计应对

(五)其他信息

ABC 公司的管理层对其他信息负责。其他信息包括 ABC 公司 2018 年年度报告中涵盖的信息,但不包括财务报表和我们的审计报告。

我们对财务报表发表的审计意见不涵盖其他信息,我们也不对其他信息发表任何形式的鉴证结论。

结合我们对财务报表的审计,我们的责任是阅读其他信息。在此过程中,考虑其他信息是否与财务报表或我们在审计过程中了解到的情况存在重大不一致或者似乎存在重大错报。

基于我们已执行的工作,如果我们确定其他信息存在重大错报,我们应当报告该事实。【如上述"形成否定意见的基础"部分所述,ABC 公司应当将 XYZ 公司纳入合并范围,并以暂估金额为基础核算该项收购。我们认为,由于年度报告中的相关金额或其他项目受到未合并 XYZ 公司的影响,其他信息存在重大错报。】

【除与"形成否定意见的基础"部分所述事项相关的其他信息外,如下所述,我们确定其他信息存在重大错报。】

【描述其他信息的重大错报】(提示:请根据具体情况进行改写)

(六)管理层和治理层对财务报表的责任

管理层负责按照《企业会计准则》的规定编制财务报表,使其实现公允反映,并设计、执行和维护必要的内部控制,以使财务报表不存在由于舞弊或错误导致的重大错报。

在编制财务报表时,ABC 公司管理层负责评估 AB 公司的持续经营能力,披露与持续经营相关的事项(如适用),并运用持续经营假设,除非计划进行清算、终止运营或别无其他现实的选择。

治理层负责监督 AB 公司的财务报告过程。

(七)注册会计师对财务报表审计的责任

我们的目标是对财务报表整体是否不存在由于舞弊或错误导致的重大错报获取合理保证,并出具包含审计意见的审计报告。合理保证是高水平的保证,但并不能保证按照审计准则执行的审计在某一重大错报存在时总能发现。错报可能由于舞弊或错误导致,如果合理预期错报单独或汇总起来可能影响财务报表使用者依据财务报表作出的经济决策,则通常认为错报是重大的。

在按照审计准则执行审计工作的过程中,我们运用职业判断,并保持职业怀疑。同时,我们也执行以下工作。

(1)识别和评估由于舞弊或错误导致的财务报表重大错报风险,设计和实施审计程序以应对这些风险,并获取充分、适当的审计证据,作为发表审计意见的基础。由于舞弊可能涉及串通、伪造、故意遗漏、虚假陈述或凌驾于内部控制之上,未能发现由于舞弊导致的重大错报的风险高于未能发现由于错误导致的重大错报的风险。

(2)了解与审计相关的内部控制,以设计恰当的审计程序。

(3)评价管理层选用会计政策的恰当性和作出会计估计及相关披露的合理性。

(4)对管理层使用持续经营假设的恰当性得出结论。同时,根据获取的审计证据,就可能导致对 AB 公司持续经营能力产生重大疑虑的事项或情况是否存在重大不确定性得出结论。如果我们得出结论认为存在重大不确定性,审计准则要求我们在审计报告中提请报表使用者注意财务报表中的相关披露;如果披露不充分,我们应当发表非无保留意见。我们的结论基于截至审计报告日可获得的信息。然而,未来的事项或情况可能导致 AB 公司不能持续经营。

(5)评价财务报表的总体列报、结构和内容(包括披露),并评价财务报表是否公允反映相关交易和事项。

(6)就 AB 公司中实体或业务活动的财务信息获取充分、适当的审计证据,以对财务报表发表审计意见。我们负责指导、监督和执行集团审计,并对审计意见承担全部责任。

我们与治理层就计划的审计范围、时间安排和重大审计发现等事项进行沟通,包括沟通我们在审计中识别出的值得关注的内部控制缺陷。

我们还就已遵守与独立性相关的职业道德要求向治理层提供声明,并与治理层沟通可能被合理认为影响我们独立性的所有关系和其他事项,以及相关的防范措施(如适用)。

　　从与治理层沟通的事项中,我们确定哪些事项对本期财务报表审计最为重要,因而构成关键审计事项。我们在审计报告中描述这些事项,除非法律法规禁止公开披露这些事项,或在极少数情形下,如果合理预期在审计报告中沟通某事项造成的负面后果超过在公众利益方面产生的益处,我们确定不应在审计报告中沟通该事项。

　　按照相关法律法规的要求报告的事项。

　　【本部分的格式和内容,取决于法律法规对其他报告责任的性质的规定。法律法规规范的事项(其他报告责任)应当在本部分处理,除非其他报告责任与审计准则所要求的报告责任涉及相同的主题。如果涉及相同的主题,其他报告责任可以在审计准则所要求的同一报告要素部分中列示。当其他报告责任和审计准则规定的报告责任涉及同一主题,并且审计报告中的措辞能够将其他报告责任与审计准则规定的责任予以清楚地区分(如差异存在)时,允许将两者合并列示(即包含在"对财务报表出具的审计报告"部分中,并使用适当的副标题)。】

　　×××会计师事务所　　　　　　　　　　中国注册会计师:×××
　　　　(盖章)　　　　　　　　　　　　　　　(签名并盖章)
　(电话:0371-××××××)　　　　　　中国注册会计师:×××
　　　　　　　　　　　　　　　　　　　　　　(签名并盖章)
　郑州市黄河路×××号　　　　　　　　　　20××年×月×日

五、无法表示意见审计报告的内容

　　无法表示意见审计报告的内容与标准审计报告的内容相比较:一是在"注册会计师的责任"段后增加了"导致无法表示意见的事项"段,用于说明发表无法表示意见的理由。二是标准审计报告中的"审计意见"段替换为"无法表示意见"段,说明:"由于'导致无法表示意见的事项'段所述事项的重要性,我们无法获取充分、适当的审计证据以为发表审计意见提供基础,因此我们不对(被审计单位的)财务报表发表审计意见。"三是在"注册会计师的责任"段中表明:"无法获取充分、适当的审计证据以为发表审计意见提供基础。"

　　无法表示意见审计报告的参考格式工作底稿见以下样例。

无法表示意见审计报告工作底稿
审计报告

ABC 股份有限公司全体股东：

一、对财务报表出具的审计报告

我们接受委托，审计后附的 ABC 股份有限公司（以下简称 ABC 公司）财务报表，包括 2021 年 12 月 31 日的资产负债表，2021 年度的利润表、现金流量表和股东权益变动表以及财务报表附注。

（一）管理层对财务报表的责任

编制和公允列报财务报表是 ABC 公司管理层的责任，这种责任包括：（1）按照《中国会计规定与国际财务报告准则》的规定编制财务报表并使其实现公允反映；（2）设计、执行和维护必要的内部控制，以使财务报表不存在由于舞弊或错误导致的重大错报。

（二）注册会计师的责任

我们的责任是在按照《中国注册会计师审计准则》的规定执行审计工作的基础上对财务报表发表审计意见。但由于"（三）导致无法表示意见的事项"段中所述的事项，我们无法获取充分、适当的审计证据以为发表审计意见提供基础。

（三）导致无法表示意见的事项

我们于 2022 年 1 月接受 ABC 公司的审计委托，因而未能对 ABC 公司 2021 年初金额为×元的存货和年末金额为×元的存货实施监盘程序。此外，我们也无法实施替代审计程序获取充分、适当的审计证据。并且，ABC 公司于 2021 年 9 月采用新的应收账款电算化系统，由于存在系统缺陷导致应收账款出现大量错误。截至审计报告日，管理层仍在纠正系统缺陷并更正错误，我们也无法实施替代审计程序，以对截至 2021 年 12 月 31 日的应收账款总额×元获取充分、适当的审计证据。因此，我们无法确定是否有必要对存货、应收账款以及财务报表其他项目作出调整，也无法确定应调整的金额。

（四）无法表示意见

由于"（三）导致无法表示意见的事项"段所述事项的重要性，我们无法获取充分、适当的审计证据以为发表审计意见提供基础，因此我们不对 ABC 公司财务报表发表审计意见。

二、按照相关法律法规的要求报告的事项

（本部分报告的格式和内容,取决于相关法律法规对其他报告责任的规定。）

×××会计师事务所　　　　　　　　　　　　中国注册会计师:×××
　　（盖章）　　　　　　　　　　　　　　　　（签名并盖章）
（电话：0371-××××××）　　　　　　　　中国注册会计师:×××
　　　　　　　　　　　　　　　　　　　　　　（签名并盖章）
郑州市黄河路×××号　　　　　　　　　　　　20××年×月×日

任务设计案例

设计目的: 掌握审计报告编制的方法。

案例资料: N会计师事务所的注册会计师对E公司2015年度的财务报表进行审计,经过对报表实施必要的审计程序,认为E公司报表编制符合《企业会计准则》和相关会计制度的规定,在所有重大方面公允反映了该公司2015年12月31日的财务状况以及2015年度的经营成果和现金流量,不存在应调整未调整事项。但发现E公司原总经理崔××在2015年1月因涉嫌贷款诈骗罪被公安局逮捕,并被检察院提起刑事诉讼。该案中涉嫌被诈骗的两家贷款银行相继起诉E公司,要求E公司返还借款本金、利息及罚息等共计人民币25 788 195.36元(利息及罚息计至起诉之日)。截至20××年1月31日,相关人民法院对上述案件正在审理中,尚未作出最终判决。由于E公司从未办理和使用上述贷款,根据E公司法律顾问等方面的意见,崔××涉嫌贷款诈骗为其个人行为,与E公司无关。但E公司作为被告,一旦败诉,将要作出赔偿,公司已在财务报表附注中作了说明。

设计要求: 将全班同学分成若干小组,每组推选1名同学担任组长,各组成员分别根据案例资料进行分析讨论,在此情况下注册会计师应出具什么意见审计报告,并编制一份恰当的审计报告。

第三篇 大数据与审计实务操作技巧

项目一

如何提升审计能力

能够胜任审计工作的人,肯定是能够实现独立思考、坚持原则的人,也是爱憎分明、能够发现问题和解决问题的人。审计人如何在组织中实现专业、胜任、客观的自我形象,并与各级管理层一同实现管理改善的目的,这是一个日积月累的过程,也是一个厚积而爆发的过程。以下三个方面需要正视。

第一,对所在组织的业务要进行熟练掌握和了解,尤其对市场、生产、采购及产品特性等有基本的常识性认识,这是基础。学什么专业不要紧,但不去了解所在组织的产品、核算规则、管理理念、高层风险偏好等方面,注定不会成为一个合格的审计人,更不会成为一个成功的审计人。

第二,对内审工作开展的程序化、规范化要求,项目类型等制度化、规范化文件的学习与梳理,起码要知道审计是干什么的? 在所处组织中,哪些知识体系是需要理解掌握的? 先不说掌握的质量和程度如何?

第三,发现问题和解决问题能力的提升。

一、发现问题的角度及若干方面

(1)用现象发现问题,诸如观察、盘点、物理检查等角度。

(2)用数据发现问题,诸如复算、占比、趋势等方面。

(3)用感觉发现问题,诸如资料提供拖延,找借口、沟通遮遮掩掩,不痛快,以人不在出差或需领导安排等现象。

(4)用经验发现问题,诸如前期类似问题发现的启示、其他案例的发现等。

(5)用能力发现问题,诸如利用信息化手段、回归分析、建模、沟通等各种综合能力下的问题发掘。

(6)用问题发现问题,诸如账实不符、逾期、安全事故频发、诉讼接连不断、制度流程漏洞百出等。

(7)用规律发现问题,诸如合理性、常识性角度,明显不符合常规,就是这个规律。

二、解决问题的角度及若干方面

(1)结合业务实际,一定要系统性考虑,不能头痛医头,脚痛医脚。

(2)结合高层意愿和要求,不能由着自己的性子来,坚持原则是审计需要的,但若要实现问题解决,所处组织高层意愿与要求必须考虑。

(3)与被审计单位充分沟通,若可以的话,尽可能让被审计单位拿出解决问题的方案并予以完善后,实现持续改善。

(4)专家建议的充分考虑。

(5)与第三方中介机构的协同。

(6)问题发现的后续跟踪审计及整改验收管理,需要有循环和闭环管理思维。

(7)确实无法实现整改的问题,需要建立档案,并根据情况的变动及时进行方案的完善和推动。

(8)借助于高级管理层的力量。

(9)从成本效益原则出发。

(10)充分进行(包括损失、成本与机会等)评估的基础上进行问题提出,并需考虑方案的选择性。

(11)搞清存在问题的本质原因,这是根本,对症下药,实现问题的彻底解决。

以上内容是结合项目经验总结归纳而来,不一定一个项目全部用到,但可以择优适用,同时,结合自己的主观认识,结合内控实际,进行拓展和深入性的提炼,并最终实现知识转化为能力的目的。

项目二

如何从财务报表中判断企业存在的问题

财务报表是分析公司的起点,投资者应深刻认识行业及企业的特性,再结合财报数据,才可能作出正确的决定。

认识行业和企业,阅读财务报表是必经之路,大量阅读行业内重要企业的财务报表,是取得投资比较优势的重要途径。

一、资产负债表

对于资产负债表,先看钱的来源(负债和所有者权益),再看钱的去处(资产)。

(一) 负债和所有者权益

首先看公司有多少家当(总资产),再看公司有多少钱是自己的(股东权益),多少钱是借来的(负债)。

其次看跟上年有何变化,总资产增加/减少多少,其中有多少是新借的,有多少是赚来的(差额可能是分红)。

1.负债分析

针对负债,需要提出以下问题:为何借? 向谁借? 借多久? 利息几何? 这几个问题是帮助我们理清楚企业借款的原因及迫切程度。

说明:如果企业借款的代价比较高,通常都是一种危机信号。如果一个企业自有货币资金较多,但仍然以比较高的利率借款,肯定有内幕。

观察负债的组成,是属于有息负债(企业没啥钱才借的)还是无息负债?

2.负债率

有价值的负债率计算应该使用"有息负债/总资产"。负债率应该和同时期、同行业的其他企业比较。

说明:警惕有息负债比率比较高的企业:如果有息负债超过了总资产的六成,企业算比较激进了;如果遇到宏观或行业的突变,企业陷入困境的可能性就比较大。

(二) 资产项目

看钱的去处,主要看两方面:一是原来的钱分布有何变化;二是新钱(新借的和新挣的)花哪儿去了。这两项都需要和前一年的财报对比。

资产项目主要看四个要点:(1)生产资产占比;(2)应收占比;(3)有息负债现金覆盖率;(4)非主业资产占比。这些比值可以考虑从三个角度来看,即结构、历史、同行。其中,生产资产包括固定资产、在建工程、工程物资、土地、长期待摊费用等。

1.生产资产占比

$$生产资产占比=生产资产/总资产$$

说明:通过计算生产资产占总资产的比例,可以评价公司类型。占比大的为"重公司",占比小为"轻公司"(或重资产公司、轻资产公司)。

(1)重公司和轻公司的划分标准。

轻重公司划分标准:可以用"当年税前利润总额/生产资产",得出的比值如果显著高于社会平均资本回报率(按银行贷款标准利率的两倍毛估),则属于轻公司;反之则属于重公司。如茅台、腾讯属于轻公司,白云机场等属于重公司。

(2)重公司和轻公司的对比。

重公司通常需要不断投入资金进行维护、更新或升级,并产生大量折旧,因此必须有大量的产品来分摊,一旦产品销量下滑,单位产品分摊的固定成本会使企业更容易亏损。

轻公司则避开了高固定成本,其产品或服务的成本,主要是可变成本。即使遭遇市场不景气,成本也会跟随销量下滑,使企业更容易在逆境中保持盈利能力。

说明:作为投资者,完全可以将注意力放在那些不需要持续更新资产的企业上。由于不需要投入太多资金更新资产,企业有条件让股东分享更多的企业利润。

若能确认显而易见的便宜,或处于行业高增长初期,重资产公司一样可以成为优质的投资目标。

如果要投重公司,只能在行业高增长的时间进去,在市场饱和前就要出来。

说明:重资产行业的一大特点,就是一旦没有新需求后,已经投入的产能退不出来。要退的话,价值归零。因而在行业需求饱和的情况下,企业为了争夺市场,最常见的手段就是以可变成本为底线,展开价格战,力求将固定成本救回一点算一点。

(3)历史分析和行业对比历史分析。

观察公司生产资产/总资产比例历年是如何变化的,然后思考为什么变重,或为什么变轻?企业加大的是哪些资产,减少的又是哪些资产,它们的利弊分别是什么?

(4)同行对比。

统计竞争对手的相关数据,对比其在年内变化的异同。

说明:如果方向趋同,说明业内人士对行业发展的战略估计基本一致,所采用的策略也基本一致,大致说明行业维持原有方向,未发生突变或转折。如果不同,如一家更重,另一家更轻,可能说明行业内人士对企业的发展战略和方向出现了不一样的看法。

2.应收占比

$$应收占比=应收款/总资产$$

说明: 应收款是指用资产负债表的所有带"应收"两个字的科目数字总和减去"应收票据"里银行承兑汇票金额(银行承兑汇票等于略打折的现金)。

(1)第一看是否过大。应收占比超过三成就很可能有问题。

应收账款余额除以月均营业收入,看应收账款大致相当于几个月的收入(应付账款也可以这么看),思考是不是过大了。

对比同行业其他公司数据,处于中位数以上的,可以暂时认为是偏大了。

(2)第二看是否有巨变。正常来说,不应该发生超过营业收入增幅的应收款增幅。如果发生了,一般说明企业可能采用了比较激进的销售政策,这不是好苗头。

这里要注意绝对数额,增幅很大但绝对数额小无须担心。

(3)第三看是否有异常。如某些应收款单独测试减值为零,应收款集中在少数几家关联企业,或者其他应收款科目突然大幅增加等。

3.有息负债现金覆盖率

$$有息负债现金覆盖率=货币资金/有息负债$$

这个比例主要看公司是否有债务危机。

说明: 一个稳健的、值得信任的公司,其货币资金应该能够覆盖有息负债。在出现紧急情况时,能够保证生存。至多可以放松至货币资金加上金融资产,两者合计能够覆盖有息负债。这个比值是个刚性标准,可以和历史比较,看看企业发生的变化,但无须和同行比较。

4.非主业资产占比

$$非主业资产占比=非主业资产/总资产$$

这个比例是看一个公司是否将注意力放在自己擅长的领域。

说明: 如果和主业经营无关的资产占比增加,如一家制造业企业,将大量的资金配置于交易性金融资产或投资性房地产,说明该公司管理层在自己的行业内已经很难发现有潜力的投资机会。

(三)合并报表和母公司报表

母公司的资产负债表,阅读方法和合并资产负债表一样。

需要注意的是,在母公司报表中,旗下所有子公司拥有的资产、负债和权益,全部被归在一个长期股权投资科目里,且该科目只反映股份公司投资成本。

至于这些成本在子公司已经变成多少净资产、多少负债和多少总资产,母公司报表都不体现。

母公司报表中,除了长期股权投资以外的科目,就是股份公司直接拥有的资产、负债和权益。

合并报表的各个项目(除了长期股权投资),减去母公司资产负债表的对应项目,差额就是属于子公司的部分。

二、利润表

利润表主要关注四个要点:营业收入、毛利率、费用率、营业利润率。

(一)营业收入

营业收入展示企业经营状况和发展趋势。

1.营收增长方式

如果不考虑收购兼并式的增长,企业收入的增长通常有三种途径,即潜在需求的增长、市场份额的扩大和价格的提升。不同增长途径的可靠性不同。

潜在需求的增长,在行业内不会产生受损者(仅受益程度不同),不会遭遇反击,增长的可靠性最高;市场份额的扩大,是以竞争对手受损为代价的,势必遭受竞争对手的反击,因而要评估竞争对手的反击力度及反击下增长的可持续性;价格的提升,是以客户付出更多为代价,可能迫使客户减少消费或寻找替代品,需要评估的是消费的替代性强弱。

2.行业内营收对比

行业内营收对比,不仅要看企业营业收入绝对数的增长,还要看增速是否高于行业平均水平。只有营收增长高于行业平均增速,才能证明企业市场份额在扩大,证明企业是行业中的强者;反之,营收萎缩、持平或低于行业平均水平的增幅,都是在提示你:企业的市场份额在缩小。

说明:有一种特殊的企业,它所面临的某细分市场规模有限,容不下更多的对手参与竞争,而企业已经在这个狭小的市场里创建了相当强的竞争优势。这种市场又被称为"利基市场"。对这种市场里的企业,投资者就无须关注营业收入的增长,而是要重点关注经营所得现金的去向。

有个常识容易被人们忽略,那就是持续的增长相当艰难。数学会告诉我们,如果一家上年营业收入为10亿元的企业,保持20%的增长,大约在70年后,其营收就会相当于上年整个地球所有国家GDP的总和。显而易见这是不现实的。

因此,看待企业营业收入增长,需要防止自己过于乐观。

(二)毛利率

营业收入减去营业成本是毛利润,毛利润在营业收入中所占比例是毛利率。

1.毛利率与竞争优势

高毛利率意味着公司的产品或服务具有很强的竞争优势,其替代品较少或替代的代价很高,而低毛利率则意味着企业产品或服务存在着大量替代品且替代的代价很低。产品价格上的微小变动,都可能使客户放弃购买。

此时,企业的利润空间,不仅取决于自己做得是否好,还要取决于对手是否做得更好。

(三)费用率

费用一般称为"三费",包括销售费用、管理费用和财务费用,费用率是指费用占营业总收入的比例。

看费用率的时候,可以采取保守一点的策略,单独考虑财务费用。

注意:如果利润表财务费用是正数(利息收支相抵后,是净支出),就把它和销售、管理费用加总一起算费用率;如果财务费用是负数(利息收入相抵后,是净收入),就只用(销售费用+管理费用)/营业总收入计算费用率。

1.费用率用来排除企业

任何一家企业在运营过程中,必然要产生费用。投资人看费用率,是要警惕费用率高的公司和费用率剧烈变化的公司。

2.销售费用率

销售费用比较高的企业,产品或服务自身没有"拉力",必须靠营销的"推力"才能完成销售。最常见的就是有促销有销售,没有促销活动,销售额立刻降下来。销售费用比较低的企业,通常是因产品或服务本身容易引起购买者的重复购买,甚至是自发分享、传播。因而销售费用高的企业,在企业扩张过程中,不仅需要扩大产品或服务的生产能力,还需要不断配套新的团队、资金和促销方案。

这对企业的管理能力边界要求极高,稍有不慎,企业可能会在规模最大的时候,暴露出系统性问题,导致严重后果。

3.管理费用率

管理费用,通常应该保持增长比例等于或小于营业收入增长。

如果出现大于营业收入增幅的变化,投资者就需要查出明细,挖掘究竟是什么发生了变化,尤其需要注意已经连续出现小额净利润的公司。

上市企业的常见习惯是,如果实际经营是微亏,一般会尽可能调整为微利。累积几年后,实在不能微利了,就索性搞一次大亏。

一次填完以前的坑,同时做低后面的基数,利于来年成功"扭亏为盈"。手段上,企业多喜欢用折旧、摊销、计提准备之类。

4.费用/毛利

费用率也可以用费用占毛利润的比例来观察,这个角度去掉了生产成本的影响。

注意:如果费用(销售费用、管理费用及正的财务费用之和)能够控制在毛利润的30%以内,就算是优秀的企业了;如果费用在毛利润的30%~70%区域,仍然是具有一定竞争优势的企业;如果费用超过毛利润的70%,通常而言,关注价值不大。

(四)净利率

把费用率和毛利率结合起来看,其实就是排除低净利润率的企业。

研发费用的辩证思考:如果企业研发费用比较庞大,其中蕴含的可能是机会也可能是风险。需要真正理解行业、理解企业后,才能做出判断。

保守的投资者,会因为企业研发费用占比较大,而放弃该公司。

注意:不断投入巨额研发费用的公司,很可能经营前景不明,风险较高。如依靠专利权保护或者技术领先的企业,一旦专利到期或者新技术替代,公司的竞争优势就会丧失殆尽。为了维持竞争优势,企业需要大量投入资金进行研究开发活动。

投入资金不仅是减少企业净利润的问题,更重要的是金钱的堆积并不意味着技术的成功。相反,新技术研发,失败概率是大于成功概率的。

(五)营业利润率

营业利润除以营业收入便是营业利润率,它是利润表的核心数字,完整地体现了企业的盈利能力。投资者不仅要看数字大小,更要对比历史变化。营业利润率上升了,要看主要是因为售价提升、成本下降,还是费用控制得力。

要具体思考以下几个问题。

(1)提价会不会导致市场份额的下降?成本是全行业一起降了,还是该公司独降?原因是什么?

(2)是一次性影响还是持续影响?费用控制有没有伤及公司团队战斗力?

(3)是一次性的费用减少还是永久性的费用减少?竞争对手是否可以采用同样行动?

(六)利润含金量

确认净利润含金量的方法是,用现金流量表里的"经营现金流净额"除以利润表的"净利润",这个比值越大越好,持续大于1是优秀企业的重要特征。它代表企业净利润全部或大部分变成了真实的现金,回到了公司账上。

三、现金流量表

通过关注现金流量表可以发现企业异常状态。

(一)经营活动现金流量中的异常

(1)持续的经营活动现金流净额为负。

(2)虽然经营活动现金流量表净额为正,但主要是因为应付账款和应付票据的增加。

应付账款和应付票据的大量增加,可能意味着企业拖欠供应商货款,是企业资金链断裂前的一种异常征兆。

(3)经营活动现金流净额远低于净利润,这一迹象在提示投资者需要注意企业利润造假的可能。

（二）投资活动现金流量中的异常现象

(1)购买固定资产、无形资产等的支出,持续高于经营活动现金流量净额,说明企业持续借钱维持投资行为。

注意:出现这种情况,要么是某项目给了管理层无敌的信心,要么就是某种特殊原因造成企业必须流出现金。

(2)投资活动现金流入里面,有大量现金是因出售固定资产或其他长期资产而获得的。这可能是企业经营能力衰败的标志,是企业经营业绩进入下滑跑道的信号灯。

（三）筹资现金活动现金流量中的异常现象

(1)企业取得借款收到的现金,远小于归还借款支付的现金。这可能透露银行降低了对该企业的贷款意愿,使用了"骗"回贷款的手段。

(2)企业为筹资支付了显然高于正常水平的利息或中间费用——体现在"分配股利、利润或偿付利息支付的现金"和"支付其他与筹资活动有关的现金"两个科目的明细里。当然,这也可能意味着企业遇到必须江湖救急的生存危机。

（四）通过现金流量表寻找优质企业

(1)经营活动产生的现金流量净额>净利润>0。

(2)销售商品、提供劳务收到的现金≥营业收入。

(3)投资活动产生的现金流量净额<0,且主要是投入新项目,而非用于维持原有生产能力。

(4)现金及现金等价物净增加额>0,可放宽为排除分红因素,该科目>0。

(5)期末现金及现金等价物余额≥有息负债,可放宽为期末现金及现金等价物+应收票据中的银行承兑汇票>有息负债。

（五）三张图分析现金流量表

(1)净利润、经营现金流净额历年对比图:观察经营现金流净额是否为正,是否持续增长,净利润的含金量如何。

(2)营收、销售收到现金历年对比图:观察营业收入的增长是否正常,营收的增长是否是通过放宽销售政策达到的。

(3)现金余额、投资支出、现金分红、有息负债历年对比图:了解公司的现金是否足以支撑投资和筹资活动。

不仅如此,还可以通过加进资产负债表中有息负债的数据,了解公司用以支撑投资和筹资活动的现金来源是否合理。

项目三

审计报告是质量、价值、能力的推演

审计报告是审计部门最重要的"产品"和成果。有的审计报告是一人执笔,有的审计报告是多人执笔然后由一人最终总撰。但无论审计报告是怎么产生的,一份审计报告凝结着许多审计人员的心血和智慧,也是一个审计项目的资源投入换来的。

审计报告是结果,从结果可以倒推出审计过程和审前准备。一份审计报告无论多么普通,如果从中进行推演,可以推演出许多维度的信息,这些信息可以帮助审计人员分析审计项目质量、自身能力以及报告价值。

一、审计报告反映审计过程的质量

如果作为审计报告复核人,可以从一份审计报告初稿中发现诸多问题。

例如,发现审计报告中某个问题描述中依据不充分,这就有一种可能,那就是审计项目实施中未收集到充足的审计证据。所以,分析审计报告,能推演出审计项目实施的情况。反过来说,审计项目实施情况,也会反映在审计报告中。

二、审计报告反映审前准备的质量

从审计报告中,也能推演出审计项目的审前准备和分析是否充分。

例如,审核一份审计报告时,发现审计对象的相关信息存在问题,这本来应该是审前准备要核实准确的,那么审前准备的质量可能就未达标准要求。从审计报告中可以推演出,审计项目的实施和审前准备等环节的质量是否符合审计部门的作业规范和标准。在审计项目总结时,审计报告质量推演可以作为质量评估的参考。

三、审计报告的价值

一份令管理高层满意的审计报告一定是具有管理价值的。

管理高层在阅读审计报告时,主要思考的是审计报告的结论、意见、建议会对管理决策有什么帮助。一位有经验的审计人员,去评价审计报告时,也能判断出审计报告是否具有管理价值。如果审计报告对高层管理者的重大决策帮助不大，那么是否对促进经营层内部控制流程的完善有帮助呢？经营层比较关心内部控制是否存在重大缺陷，是否因内部控制缺陷而带来重大风险。如果审计报告不能揭示业务流程中的问题，那么审计报告是否能揭示出合规性问题呢？审计报告是否能满足合规性要求应该是最基本的要求了。

四、审计报告的价值导向

从审计报告中还能推演出审计团队或审计部门的价值导向。

从一定阶段来看，审计部门审计报告的格式、风格、内容展现方式等基本是变化不大的，从中就能看到审计部门的价值导向，是完全倾向于合规监督，还是揭示问题与解决问题。尤其对于经济责任审计，也可能会遇到同样的问题，在不同人的审计报告中表述方式的不同，这也是一种价值观的表现。

五、审计报告反映出审计人员的能力

综合能力强的审计人员写出的审计报告不仅能平衡不同审计报告阅读者的需求，还能在写审计报告时分出轻重缓急，能够通过审计报告将审计价值最大限度地发挥出来。中等水平的审计人员不会在逻辑推理时出现人为的差错。

很多审计新人在写审计报告时出现较多的问题就是逻辑推理错误，审计问题的描述不能推论出审计结论。撰写审计报告最需要审计人员具备的基础能力就是知识能力。如果审计人员连某个审计问题违反了哪条制度都搞不清楚，那审计报告的合法性就会受到质疑。

六、审计报告撰写能力反映审计人员的综合能力

综合能力需要长时间的培养和锻炼。

有些审计人员干了好多年，可撰写审计报告的能力没有什么提高，还可能经常犯一些低级错误。这说明能力的培养需要审计人员自觉自发，有意识地通过各种锻炼机会提高综合素质和能力。有了自觉意识，审计人员才会不断地总结和改进，最终成为检查高手和写作高手。

当然，从审计报告上还能看到撰写人员的工作态度。一个有责任心、严谨细致的审计人员不仅会让审计报告逻辑清晰、描述准确，而且必要时还会认真核对工作底稿，让审计报告更能接受阅读者、被审计单位的质询。不过，每项工作的结果都能反映出人们的工作态度。从审计报告到项目质量、审计价值以及人员能力的推演是从结果到过程

的逆向分析,具有较强的说服力,可以在审计总结会、研讨会以及头脑风暴会上使用,可以作为分析工具。从审计报告逆向分析,也能体现出结果导向和目标管理思想,项目负责人可以在实践中进行尝试。

如果提升审计质量,查清报告中的重大错报、漏报,重要的是了解审计业务,掌握审计技巧,查出财务中的违规行为,为企业市场竞争肃清障碍。相关的业务操作技巧详见附录。

工作底稿和实务分析

工作底稿和实务分析部分请扫描以下二维码。

工作底稿和实务分析

附录

一、企业审计五类 220 项违法违规行为清单

	一、违反销售与收款循环法规行为
1	超过工商行政管理部门核定的范围经营,并未及时办理变更登记
2	实收资本变动未办理相关财务事项或工商变更登记
3	经营企业债券的承销或者转让业务
4	以他人名义设立账户或者利用他人账户买卖证券
5	证券交易内幕信息的知情人利用内幕信息从事证券交易活动
6	私自买卖、变相买卖、倒买倒卖或非法介绍买卖外汇
7	违规以外汇收付应当以人民币收付的款项,或以虚假、无效的交易单证等向经营结汇、售汇业务的金融机构骗购外汇等非法套汇行为
8	违规擅自改变外汇或者结汇资金用途
9	违规将境内外汇转移境外,或者以欺骗手段将境内资本转移境外
10	擅自对外借款、在境外发行债券或者提供对外担保
11	国有企业违规炒股
12	国有企业以个人名义开设股票账户炒股
13	采用财物或者其他手段进行贿赂用以销售或者购买商品
14	相互串通投标报价,排挤其他投标人的公平竞争
15	少计企业经营收入
16	企业收入确认不及时
17	未达账项未进行会计核算
18	未正确核算企业收入与成本、费用
19	企业经营收支在往来账中核算
20	企业以物易物、以物抵债,未确认收入
21	企业用于集体福利、个人消费、基建项目的自用商品,未确认收入
22	无偿赠送的企业产品,未确认收入
23	将企业产品分配给股东或投资者,未确认收入
24	单位信用卡账户资金从基本存款账户之外的银行结算账户转账存入,或将销货收入及现金存入
25	未按规定取得发票

26	企业未按规定开具发票
27	未按规定存放或保管、缴销发票
28	私自印制、伪造、变造发票，非法制造发票防伪专用品，伪造发票监制章
29	违规使用发票
30	取得或使用非法定票据
31	为其他单位代开经营发票
32	未按规定保管发票
33	以欺诈等手段取得票据
34	未按规定的申报期限、申报内容如实办理纳税申报，并报送纳税申报表、财务会计报表以及代扣代缴、代收代缴税款报告表或其他纳税资料
35	未按规定的期限缴纳或者解缴税款
36	采矿权人未足额缴纳矿产资源补偿费
37	欠缴河道工程修建维护管理费
38	未按规定履行代扣、代收税款的义务
39	以假报出口或者其他欺骗手段，骗取国家出口退税款
40	向关联企业收取或者支付价款、费用，而减少其应纳税的收入或者所得额
41	违规导致其他单位或者个人未缴、少缴或者骗取税款
42	利用银行结算账户进行偷逃税款、逃废债务、套取现金及其他违法犯罪活动
43	未按职工工资基数足额提缴工伤保险金
44	企业为个人支付个人所得税
45	企业在公益金中列支职工商业保险费用
46	企业在职工福利费中列支商业保险费用
	二、违反采购与付款循环法规行为
47	重大项目建设未按规定履行相关审批手续
48	按照规定应该招标的工程建设项目未招标
49	未按规定计提在建工程资产减值准备
50	固定资产未按规定确认入账价值
51	未正确核算已完工、已交付使用的固定资产
52	固定资产中的房屋建筑物账实不符
53	未正确核算已完工、已交付使用的房屋建筑物
54	对盘盈、盘亏、毁损的固定资产未及时按规定处理

55	企业随意改变固定资产折旧方法
56	违规计提固定资产折旧
57	违规计提固定资产减值准备
58	超范围计提折旧
59	办理国有资产产权占有登记时提供虚假文件、资料
60	违规办理国有资产产权登记
61	违规办理国有资产产权年度检查登记
62	违规办理国有资产产权变动登记
63	违规办理国有资产产权注销登记
64	隐瞒真实情况,虚报国家资本金,骗取国有资产产权登记
65	伪造、涂改、出卖或者出借国有资产产权登记表
66	上市公司与关联企业违规拆借资金
67	上市公司违规通过金融机构向关联企业发放委托贷款
68	违规计提委托贷款减值准备
69	应当进行产权界定而未进行,隐瞒不报或串通作弊,导致国有资产权益受损
70	未建立健全内幕信息管理规章制度
71	未经批准擅自实行产权激励制度,或者违规发放薪酬,侵蚀国有资产权益
72	取得资产未按规定办理资产转移手续造成资产损失
73	侵占、截留、挪用国家出资企业的资金或者应当上缴的国有资本收入
74	将财产低价出售或无偿处置给其他单位或个人
75	对外投资或担保数额超过规定的限额
76	违规为非法人单位或个人提供担保
77	违规对外提供担保或抵押、对外投资、赊账经营、物资采购及固定资产修建
78	违规为控股股东及本公司持股50%以下的其他关联方提供担保
79	境外机构中方负责人未经批准向外方担保,造成国有资产流失
80	对外担保总额超过最近一个会计年度合并会计报表净资产的50%
81	直接或间接为资产负债率超过70%的被担保对象提供债务担保
82	上市公司对外担保,对方未提供反担保
83	无偿向关联方提供资金、商品、服务或者其他资产
84	违规核销国有资产损失
85	未经国土部门审批擅自使用土地

86	将国有土地无偿或低价折股转入改制后企业或公司
87	利用合同恶意串通,损害国家、集体或者第三人利益
88	以欺诈、胁迫的手段订立合同,损害国家利益
89	违规划转国有产权或股份转让并造成国有资产损失
90	国有资产转让未在依法设立的产权交易场所公开进行
91	未按产权转让合同的约定支付国有产权转让价款
92	将国有资产低价折股、低价出售或者无偿量化给个人
93	在企业国有产权转让过程中,转让方与拟受让方串通,造成国有资产流失
94	在企业国有产权转让过程中,拟受让方采取欺诈、隐瞒等手段影响转让方的选择以及产权转让协议签订
95	违规将国有产权向管理层转让
96	内部职工股份的认购不符合规定
97	境外机构中方负责人未经批准或未办理手续,将国有资产产权以个人名义注册
98	境外机构中方负责人未按规定权限处置国有资产

三、违反存货与生产循环法规行为

99	企业随意改变存货发出计价方法
100	未按规定计提存货跌价准备
101	未及时处理盘盈(亏)的存货,造成存货账实不符,引起企业盈亏不实
102	以物易物、抵债等方式取得的存货,涉及补价的,未按规定作相应调整
103	将采购费用、仓储费用等计入期间费用
104	多摊或少摊自制存货应分配的期间费用
105	将委托加工存货的运输费、装卸费等计入期间费用
106	随意改变领用或发出材料计价方法
107	未及时结转耗用材料成本差异
108	预提费用、待摊费用核算不当
109	未按规定计提坏账准备
110	将应收票据作为计提坏账准备基数
111	随意改变计提坏账准备比例,调节利润
112	虚增或虚减利润
113	随意改变会计要素的确认或计量标准
114	当可变现净值低于存货成本时,企业未按规定计提存货准备

115	违规计提资产减值准备
116	违规计提长期股权投资跌价准备
117	违规计提短期投资跌价准备
118	违规计提职工福利费
119	违规计提工会经费
120	违规计提职工教育经费
121	违规计提贷款利息
122	资本性支出挤占成本费用
123	各种赞助款、罚款、滞纳金等挤入成本费用
124	未正确区分期间费用和成本的界限,互相挤占
125	企业领导人授意、指使、强令财会人员进行违纪活动
126	会计核算未合理划分收益性支出与资本性支出的界限
127	关联企业之间财务核算未分账,混同核算
128	未正确核算产品成本、劳务成本
129	企业随意改变成本核算方法
130	关联企业交易时,材料、产品价格与同期市场价格相差较大
131	关联企业违规要求上市公司为其垫支工资、福利、保险、广告等期间费用或其他成本性支出
132	上市公司代关联企业偿还债务
四、违反筹资与投资循环法规行为	
133	提供虚假证明材料注册公司
134	设立公司股东未足额认缴出资额
135	发起人认购股份未达到规定的最低份额
136	以非现金出资,未及时办理资产转移手续
137	公司成立(登记)后,股东擅自将认缴的出资抽回
138	未经有关部门批准,擅自向社会公开募集资金
139	募集资金未达到规定设立股份有限公司的最低注册资本限额
140	无形资产或其他资产未按规定计价
141	无形资产摊销不当
142	违规计提无形资产减值准备
143	违规提取公司法定公积金
144	未按规定比例足额提取法定公积金

145	违规使用法定公积金
146	法定公积金转增资本后,所留存的该项公积金少于注册资本的25%
147	采取欺诈手段骗取贷款
148	违规使用贷款
149	借兼并、破产或者股份制改造等途径,逃避银行债务,侵吞信贷资金
150	违反规定骗取、挪用、使用财政资金以及政府承贷或者担保的外国政府贷款、国际金融组织贷款
151	未经批准发行或变相发行企业债券,以及未通过证券经营机构发行企业债券
152	超过批准数额发行企业债券
153	超过规定的最高利率发行企业债券
154	发行企业债券所筹资金未按批准的用途用于本企业的生产经营
155	未经核准,擅自公开或者变相公开发行证券
156	不符合发行条件,以欺骗手段骗取证券发行核准
157	发行人、上市公司或者其他信息披露义务人未按规定披露信息
158	将符合资本化条件融资所发生的利息、折价或溢价的摊销或辅助费用,以及汇兑损益等,擅自计入当期损益
159	未正确核算汇兑损益
160	未按招股说明书所列资金用途使用募股资金
161	未经批准购回其发行在外的股票
162	在法律限制转让期限内质押国有股
163	上市公司利用贷款或股票发行募集资金炒股
164	未经批准擅自设立金融机构或从事金融业务活动
165	企业之间违规办理借贷或者变相借贷融资业务
166	长期股权投资未采用正确方法核算
167	长期股权投资未单独进行核算
168	长期股权投资应采用成本法核算的,而采用了权益法
169	长期投资涉及补价的,未相应调整投资成本
170	已宣告但尚未领取的现金股利,或已到付息期但尚未领取的债券利息,未相应冲减投资成本
171	上市公司违规委托关联企业进行投资
172	短期投资涉及补价的,未相应调整投资成本
173	违规计提短期投资跌价准备

174	已存入证券公司但未进行投资的现金,即作为投资入账
175	境内投资者未经批准擅自在境外投资
176	对所属境外机构按政府规定应予报告、备案的事项未按要求报告或备案
177	对所属境外机构国有资产总体情况或流失情况不掌握,不报告,不处理
178	对所属境外机构不明确管理职能机构及工作职责,造成管理失控
179	未按照实缴的出资比例分取红利

五、违反特殊项目法规行为

180	企业领导人员利用职权谋取私利
181	企业领导人员违规职务消费
182	企业领导人员滥用职权、玩忽职守,造成企业国有资产损失
183	企业领导人员未正确行使经营管理权
184	企业国有资本与财务管理的重大事项未按规定履行集体决策程序
185	企业领导人员利用职权贪污、侵占国有资产
186	企业领导人员利用职权违规兼职经营同类业务
187	企业领导人员利用职权挪用公司资金
188	企业领导人员利用职权收受贿赂或者取得其他非法收入或不当利益
189	企业领导人员利用职权违规将公司资金借贷给他人或者以公司财产为他人提供担保
190	虚报注册资本、提交虚假材料或者采取其他欺诈手段隐瞒重要事实取得公司登记
191	公司的发起人、股东虚假出资
192	公司的发起人、股东在公司成立后,抽逃其出资
193	公司在合并、分立或减少注册资本时,未通知或者公告债权人
194	企业清算时,未通知或者公告债权人,隐匿财产
195	清算组成员未依法履行清算义务
196	国有独资公司的合并、分立、解散、增加或者减少注册资本或发行公司债券,未由国有资产监督管理机构决定
197	公司登记事项发生变更时,未按规定办理有关变更登记
198	伪造、涂改、出租、出借、转让营业执照
199	未依法办理注销登记
200	在企业改制过程中弄虚作假、骗取优惠政策
201	未经批准擅自实行公司制改制,或者在公司制改制过程中导致国有资产流失
202	应当进行国有资产评估而未进行评估

203	清产核资程序或清产核资工作质量不符合要求
204	聘请不符合资质条件的评估机构从事国有资产评估活动
205	应当办理国有资产核准、备案手续而未办理
206	提供虚假情况或资料，或与资产评估机构、会计师事务所串通出具虚假资产评估报告、审计报告
207	在企业改制、国有产权转让过程中，未妥善处理企业债权债务
208	在企业改制、国有产权转让过程中，未妥善安置企业职工，侵害职工合法权益
209	改制企业未按规定将先征后返的税收及其他财政性拨入资金计入国有资本或国家投资
210	企业改制时，将应付工资、应付福利、工会经费结余转为股份，作为个人投资
211	企业进行重组时，违规处理国有资源
212	在编制年度财务会计报告前，未全面清查资产、核实债务
213	随意改变财务会计报告的编制基础、编制依据、编制原则或方法
214	未按规定顺序分配企业年度净利润
215	会计机构、会计人员擅自编制或对外提供虚假的或者隐瞒重要事实的财务会计报告
216	企业负责人授意、指使、强令会计机构、会计人员编制或者对外提供虚假、隐瞒重要事实的财务会计报告
217	未按规定编制合并财务报表
218	向不同的会计资料使用者提供的财务会计报告编制依据不一致
219	未按规定在会计报表附注或财务情况说明书中披露会计报表的编制基础、编制依据、编制原则或方法
220	企业会计信息在会计报表附注中未披露或披露不充分

二、财政审计八类 260 项违法违规行为清单

一、违反收入预算管理法规行为	
1	违规编制政府收入预算
2	代编预算规模较大
3	擅自改变财政收入项目的范围、标准、对象或期限
4	违规批复预算
5	代编预算未及时下达
6	部分预算指标下达较晚
7	追加预算下达较晚

8	擅自将预算内收入转为预算外收入或将预算外收入转为预算内收入
9	残疾人就业保障金未纳入预算管理,在社保基金专户核算
10	隐瞒应当上缴的预算收入
11	违规将应作预算收入的资金作为调入资金入库
12	虚假调拨收入资金
13	将本年度预算内收入转往来,待下年度转回再缴入国库
14	用"以拨作支"的方式将国库资金拨入财政专户
15	将应当纳入国库核算的财政收入放在财政专户核算
16	不依照规定的预算级次、预算科目入库
17	滞留、截留或者挪用应当上缴的财政收入
18	延解、占压应当上解的财政收入
19	截留、坐支或自行保管应当上缴的财政收入
20	截留、挪用上级返还或者补助下级的财政资金
21	隐瞒、挤占、截留应上缴上级政府的财政收入
22	编制预算时,隐瞒、少列预算收入
23	违规退付国库库款或者财政专户资金
24	未及时将农业税、耕地占用税、契税等缴入国库
25	将农业税、耕地占用税、契税等转往来账户,未及时缴入国库
26	在各税上缴国库前,从中提取征收部门的工作经费
27	将下年度财政收入转为本年度收入
28	地方政府、地方财政部门或其他未经财政部授权的机构,违规要求国库办理中央预算收入、中央与地方共享收入退库或更正
29	下级地方政府财政部门或其他机构,违规要求国库办理上级地方预算收入或共享收入退库、更正
30	将退库款项退给非退库申请单位或申请个人
31	从"税务稽查收入"专户中直接退付应退税款
32	以"多缴退库"的名义将行政性收费收入、罚没收入退至财政资金专户
33	虚收虚支、"空转"预算收入
34	违规管理财政专户和预算单位银行账户
35	财政专户资金未清理
36	财政资金往来款项未及时清理

37	应计未计收入,部分收入在往来款中核算,决算报表内容不完整
38	预算内往来款及财政专户结余资金长期挂账
39	对财政存量资金未清理
40	虚增、虚减用于结转下年的财政收入或者财政支出
	二、违反支出预算管理法规行为
41	违规编制政府支出预算
42	本级支出功能预算未细化到"款"
43	违规变更、调整预算
44	公共财政预算中,教育、医疗卫生等涉及民生的重点支出,未全部细化到"款"级科目
45	转移支付预算编制不细化,分配方向不透明
46	财政等有关部门超越权限擅自调整预算
47	不按预算拨款,年末再利用"科目调整"进行平衡
48	个别延续项目预算尚有大量结余的情况下,安排同类预算时未适当减少预算金额
49	未按规定安排预备费
50	财政部门少安排就业资金
51	未按项目进度和资金使用计划及时拨付环保资金
52	排污费资金未纳入财政预算管理,实行专款专用
53	财政部门未安排生态保护补偿资金
54	地方财政应补助的社会保险资金未落实
55	未按规定安排再就业资金
56	社会保险基金未纳入专户管理
57	违规将社会保险基金用于平衡财政预算
58	保障性安居工程财政资金安排不到位
59	未按规定比例从土地出让收益中安排保障性安居工程资金
60	地方政府投融资平台公司发行企业债券募集资金未优先用于保障性安居工程建设
61	财政部门少安排生态保护补偿资金
62	未从土地出让净收益中足额安排廉租住房保障资金
63	对农业投入的增长幅度未高于其财政经常性收入的增长幅度
64	教育支出未达到法定增长比例
65	未及时足额安排或下达国家助学金预算
66	预备费未按规定的比例足额计提

67	违规动用预备费
68	任意调整预算支出科目,列报超预算支出
69	虚列预算支出
70	以"以拨代支"方式虚列支出
71	未将上年度的净结余纳入当年的预算支出,或补充当年的预算稳定调节基金
72	违规挪用预算周转金
73	变相发放财政周转金借款
74	滞留应当下拨的财政资金
75	应由财政列支的款项长期挂账
76	超范围使用教育费附加
77	超范围使用排污费资金
78	违规使用预算稳定调节基金
79	未按规定的比例设置预算周转金
80	未按规定的用途使用预算周转金
81	违反规定扩大开支范围,提高开支标准
82	未按上级政府规定的用途使用拨入资金
83	虚列偿债准备金支出
84	收回已列报支出的款项未冲销当年预算支出
85	将预拨下年度支出列为本年度支出
86	把预算外支出转为预算内支出
87	不按当年实际拨付的预算支出数列支、列报
88	已拨出的支出结余款,未及时冲减当年预算支出数
89	预算执行不均衡
90	无预算支出补助费
91	未按用款单位的预算级次和审定的用款计划、按期核拨,越级办理预算拨款
92	无预算、超预算拨款
93	未按规定程序拨付款项
94	未按预算级次拨付资金
95	未按照批准的年度预算和用款计划拨款
96	无预算或超预算向预算单位拨款
97	将财政资金直接拨付到没有财务隶属关系的部门或单位

98	将收回的财政周转金违规继续放出
99	财政或有关部门将收回的财政周转金擅自挪作他用
100	预拨款未及时清理
101	没有报告当年月份预算执行情况
102	结转下年结余呈递增趋势
103	部门财政性结余资金较多,部分项目资金下达后未动用
	三、违反预算外资金管理法规行为
104	非税收入预算未细化到"目"级科目
105	应纳入预算管理的政府非税收入未纳入预算管理
106	执罚单位办案经费追加较多,部分执罚单位办案经费与罚没收入挂钩
107	违规多征、提前征收或者减征、缓征、免征预算收入
108	以财政资金代缴土地出让金或配套费
109	以"企业发展基金"名义返还土地出让金
110	超范围安排土地出让金
111	土地出让收入未作预算收入
112	国有土地使用收入未及时、足额上缴国库
113	基金预算不够完整
114	未停止向社会征收方式筹集价格调节基金
115	应列未列一般预算支出
116	虚增一般预算收入
117	财政部门将政府性基金预算收入作一般预算收入缴入国库
118	用政府性基金平衡一般预算
119	将一般预算收入作基金预算收入上缴国库
120	未将应纳入预算管理的行政性收费等资金纳入预算管理
121	未将政府性基金收入纳入预算管理
122	应缴未缴上级非税收入
123	违规擅自改变非税收入项目的范围、标准、对象或期限
124	擅自设立收费、基金项目,扩大征收范围,提高收标准
125	对已明令取消、暂停执行或者降低标准的非税收入项目,仍按原定项目、标准征收或者变换名称征收
126	未严格执行预算外资金实行"收支两条线"管理规定

127	具有专项用途的预算外资金未做到专款专用
128	非税收入支出预算年内做追加或者调整
129	财政部门将社保基金用于平衡预算
130	财政部门将社保补助资金调剂用于平衡财政预算
131	将高校的行政事业性收费或服务性收费收入用于平衡预算
132	挤占、截留、挪用高校的行政事业性收费或服务性收费收入
133	滞留、截留、挤占、挪用文化产业发展专项资金
134	减免、拖欠、截留或坐收坐支国家电影事业发展专项资金
135	将已纳入预算管理,具有专项用途的预算外资金用于平衡财政预算
136	未按规定办理票据的印制、发放、缴销等管理工作

四、违反专项资金管理法规行为

137	城乡最低生活保障资金未纳入预算管理
138	城乡最低生活保障补助资金拨付不及时
139	财政医疗救助资金未纳入预算管理
140	医疗救助基金未纳入社会保障基金财政专户
141	未及时拨付救灾款物
142	五保供养资金未纳入预算管理
143	未及时足额拨付农村五保供养资金
144	未按规定及时办理社会福利基金的拨付
145	未及时足额安排孤儿保障资金
146	未按批复的彩票机构年度财务收支计划及时拨付资金
147	未按规定拨付廉租住房保障资金
148	未按时足额将社保基金从财政专户拨付到支出户
149	未按时足额划缴用于农业土地开发的土地出让金
150	对社会保险补助资金拨付不及时、不到位
151	财政专户清理不到位,将部分应在国库管理的专项资金在专户中核算管理
152	中央专项转移支付分配下达进度迟缓
153	挤占、挪用中央对地方的专项拨款及专项补助费
154	未按规定及时、足额地拨付中央对地方专项拨款及专项补助费
155	技改贴息资金未细化到项目,打捆下达预算
156	违规安排技改贴息资金

157	未按上年度专项结余的大项、小项及其具体用款单位拨付资金
158	未按规定分配财政专项扶贫资金
159	未及时下达、拨付财政专项扶贫资金
160	未按规定制定、报送年度财政专项扶贫资金使用计划
161	未按规定设立财政扶贫资金专户,实行专户管理,封闭运行
162	未按规定对财政专项扶贫资金实行报账制管理,分账核算
163	未按规定使用范围使用财政专项扶贫资金
164	未按规定比例提取、分配财政专项扶贫资金项目管理费
165	未按规定使用范围使用财政专项扶贫资金项目管理费
166	未按规定对财政专项扶贫资金项目使用情况实行公告公示制
167	未按规定对财政专项扶贫资金项目进行考核、监督
168	未按规定对就业专项资金实行预算、决算管理
169	未按规定对就业专项资金进行专户存储、分账核算
170	未按规定及时审核、公示、拨付就业专项资金
171	未按规定使用就业专项资金
172	财政部门未按规定及时拨付农业综合开发财政资金
173	农业综合开发项目建设期内,地方财政配套资金未按批复计划足额落实
174	地方财政用其他支农专项资金抵顶配套资金
175	未能按期足额归还上级财政综合开发有偿资金
176	未按规定的程序和手续实行农业综合开发财政资金县级报账制
177	违规核销农业综合开发财政有偿资金呆账或违规延期还款
178	财政部门未科学合理确定本辖区内农机购置补贴的范围及规模
179	财政部门未履行对农机购置补贴材料的合规性进行审核或及时兑付补贴资金
180	一事一议财政奖补资金乡镇财政部门未严格执行报账制
181	未按规定确定现代农业生产发展资金扶持的立项优势主导产业
182	滞留、截留、挤占、挪用农村物流服务体系发展专项资金
183	财政部门未及时拨付农村物流服务体系发展专项资金
184	超标准列支对农村物流服务体系发展专项资金项目的评审费
185	未完善农村公路养护管理资金财政预算保障机制
186	财政部门未多渠道筹集或及时拨付水利工程建设项目资金
187	财政部门未合理安排或及时足额拨付农村卫生事业专项资金

188	未将农村危房改造地方补助资金纳入财政预算或及时拨付到位
189	财政部门未统筹安排或监督检查农村义务教育薄弱学校改造补助资金
190	未及时拨付可再生能源建筑应用专项资金
191	侵占、挪用可再生能源建筑应用专项资金

五、违反国债资金管理法规行为

192	财政和有关部门未按规定的用款计划和进度拨付国债资金
193	有关部门或单位利用国债资金项目,搭车兴建其他项目或购置其他资产
194	违规在国债资金中提取有关工作经费
195	挤占、挪用项目节余的国债资金
196	未专户储存国债专项资金
197	未单独建账、单独核算国债专项资金
198	擅自转存国债专项资金
199	擅自将存入的国债专项资金转入其他账户
200	地方国债配套资金未及时足额按规定的比例到位
201	国债的银行贷款配套资金未按规定的比例及时足额到位
202	自筹的国债配套资金未按规定的比例及时足额到位

六、违反国库管理法规行为

203	国库未及时收纳预算收入
204	办理预算收入缴库、预算拨款未履行国库监督职责
205	国库库存额不足预备费额,被财政"预算暂付"占用
206	违规将专项资金作为调入资金入库
207	国库经收处延压、缓解预算收入
208	延解、占压应当缴入国库的预算收入和国库库款
209	违规受理汇总更正预算收入业务
210	违规收纳、划分、留解、退付国库库款或者财政专户资金
211	经理国库业务的银行违规将国库库款挪作他用
212	未经财政部门同意,动用国库库款或者办理退库
213	下级政府混淆上级政府的税收、行政性收费罚没收入等预算收入入本级国库
214	上级政府混淆下级政府的税收、行政性收费罚没收入等预算收入入本级国库
215	未推进国库现金管理制度
216	未建立财政国库管理信息系统安全管理制度

七、违反政府采购管理法规行为	
217	集中采购机构未建立健全内部监督管理制度
218	政府采购项目的采购标准未公开
219	采购项目的采购信息未在指定的信息发布媒体上公告
220	采购代理机构与行政机关存在隶属关系
221	集中采购机构的采购人员不符合政府采购监督管理部门规定的专业岗位任职要求
222	为采购人指定采购代理机构
223	采购代理机构阻挠或限制供应商进入本地区或者本行业政府采购市场
224	采购代理机构在招标采购过程中与投标人进行协商谈判
225	采购代理机构在采购过程中接受贿赂或者获取其他不正当利益
226	集中采购机构进行政府采购活动的采购价格、采购效率、采购质量不符合要求
227	无部门预算进行政府采购
228	超部门预算进行政府采购
229	政府采购机关转移、挪用、挤占政府采购资金
230	将结余的采购资金用于弥补自身经费
231	将结余的采购资金挂"暂存",未用于平衡预算
232	未按时拨付预算安排的政府采购资金
233	未按预算安排的政府采购资金的项目、用途使用政府采购资金
234	政府采购机关将预算安排的政府采购资金挪作他用
235	自行采购应当实行集中采购的项目
236	在采购应当实行集中采购的项目时,采取化整为零的方式,或以其他的支出票据代替等方式规避集中采购
237	将应当以公开招标方式采购的货物以其他方式采购
238	政府采购机关委托不具备政府采购业务代理资格的机构办理采购
239	在集中采购过程中,擅自提高采购标准
240	采购代理机构伪造、变造采购文件
241	采购代理机构隐匿、销毁应当保存的采购文件
242	政府采购当事人之间相互串通
243	未按规定对政府集中采购机构进行考核并向政府报告考核结果
244	政府采购财政专户中以前年度形成的结余资金未及时清理
245	未依法履行对政府采购活动的监督管理职责

246	采购代理机构拒绝有关部门依法实施监督检查
247	采购代理机构在有关部门依法实施的监督检查中提供虚假情况
248	政府采购监督管理部门对供应商的投诉逾期未作处理
八、违反其他财政管理法规行为	
249	未按规定对国有资产进行管理
250	未定期对国有资产进行监督检查
251	本级会计集中核算向国库集中支付转轨不彻底,没有恢复会计核算权
252	地方政府违规为融资平台公司融资行为提供担保
253	未推行公务卡结算制度
254	公务卡管理不规范
255	超收收入全部安排当年支出,未及时履行向人大报告程序
256	决算草案未按本级人大批准的预算所列科目编制
257	违规编制财政决算
258	财政决算虚列收入和支出
259	上一年度的决算草案未及时提交本级人大常务委员会
260	违规批复决算

三、违反八项规定七类80条清单

一、经费管理	
1	严禁以各种名义突击花钱和滥发津贴、补贴、奖金、实物
2	严禁用公款购买、印制、邮寄、赠送贺年卡、明信片、年历等物品
3	严禁用公款购买赠送烟花爆竹、烟酒、花卉、食品等年货节礼(慰问困难群众职工不在此限)
4	依法取得的各项收入必须纳入符合规定的单位账簿核算,严禁违规转移到机关所属工会、培训中心、服务中心等单位账户使用
5	严禁超预算或无预算安排支出,严禁虚列支出、转移或者套取预算资金
6	严格控制国内差旅费、因公临时出国费、公务接待费、公务用车购置及运行费、会议费、培训费等支出,年度预算执行中不予追加
7	严格开支范围和标准,严格支出报销审核,不得报销任何超范围、超标准以及与相关公务活动无关的费用

8	政府采购严格执行经费预算和资产配置标准,合理确定采购需求,不得超标准采购,不得超出办公需要采购服务
9	严格执行政府采购程序,不得违反规定以任何方式和理由指定或者变相指定品牌、型号、产地

二、公务接待

10	严禁用公款大吃大喝或安排与公务无关的宴请,严禁用公款安排旅游、健身和高消费娱乐活动
11	禁止异地部门间没有特别需要的一般性学习交流、考察调研,禁止违反规定到风景名胜区举办会议和活动
12	无公函的公务活动不予接待,严禁将非公务活动纳入接待范围
13	不得用公款报销或者支付应由个人负担的费用,不得要求将休假、探亲、旅游等活动纳入国内公务接待范围
14	不得在机场、车站、码头和辖区边界组织迎送活动,不得跨地区迎送,不得张贴悬挂标语横幅,不得安排群众迎送,不得铺设迎宾地毯
15	住宿用房以标准间为主,接待省部级干部可以安排普通套间,不得额外配发洗漱用品
16	接待对象应当按照规定标准自行用餐,接待单位可以安排工作餐一次。接待对象在 10 人以内的,陪餐人数不得超过 3 人;超过 10 人的,不得超过接待对象人数的三分之一
17	工作餐应当供应家常菜,不得提供鱼翅、燕窝等高档菜肴和用野生保护动物制作的菜肴,不得提供香烟和高档酒水,不得使用私人会所、高消费餐饮场所
18	国内公务接待的出行活动应当安排集中乘车,合理使用车型,严格控制随行车辆
19	公务接待费用应当全部纳入预算管理,单独列示
20	禁止在接待费中列支应当由接待对象承担的差旅、会议、培训等费用,禁止以举办会议、培训为名列支、转移、隐匿接待费开支;禁止向下级单位及其他单位、企业、个人转嫁接待费用,禁止在非税收入中坐支接待费用;禁止借公务接待名义列支其他支出
21	接待单位不得超标准接待;县级以上地方党委、政府按照当地会议用餐标准制定公务接待工作餐开支标准
22	接待单位不得组织旅游和与公务活动无关的参观,不得组织到营业性娱乐、健身场所活动,不得安排专场文艺演出,不得以任何名义赠送礼金、有价证券、纪念品和土特产品等
23	公务活动结束后,接待单位应当如实填写接待清单。接待清单包括接待对象的单位、姓名、职务和公务活动项目、时间、场所、费用等内容
24	接待费报销凭证应当包括财务票据、派出单位公函和接待清单

	三、会议活动
25	会议费预算要细化到具体会议项目,执行中不得突破。会议费应纳入部门预算,并单独列示
26	二、三、四类会议会期均不得超过 2 天,传达、布置类会议会期不得超过 1 天。会议报到和离开时间,一、二、三类会议合计不得超过 2 天,四类会议合计不得超过 1 天
27	二类会议参会人员不得超过 300 人,其中工作人员控制在会议代表人数的 15% 以内;三类会议参会人员不得超过 150 人,其中工作人员控制在会议代表人数的 10% 以内;四类会议参会人员视内容而定,一般不得超过 50 人
28	各单位会议应当到定点饭店召开,按照协议价格结算费用。未纳入定点范围,价格低于会议综合定额标准的单位内部会议室、礼堂、宾馆、招待所、培训中心,可优先作为本单位或本系统会议场所
29	会议费开支范围包括会议住宿费、伙食费、会议室租金、交通费、文件印刷费、医药费等
30	会议费由会议召开单位承担,不得向参会人员收取,不得以任何方式向下属机构、企事业单位、地方转嫁或摊派
31	会议费报销时应当提供会议审批文件、会议通知及实际参会人员签到表、定点饭店等会议服务单位提供的费用原始明细单据、电子结算单等凭证
32	严禁各单位借会议名义组织会餐或安排宴请,严禁套取会议费设立"小金库",严禁在会议费中列支公务接待费
33	各单位应严格执行会议用房标准,不得安排高档套房;会议用餐严格控制菜品种类、数量和分量,安排自助餐,严禁提供高档菜肴,不安排宴请,不上烟酒;会议会场一律不摆花草,不制作背景板,不提供水果
34	不得使用会议费购置电脑、复印机、打印机、传真机等固定资产以及开支与本次会议无关的其他费用,不得组织会议代表旅游和与会议无关的参观,严禁组织高消费娱乐、健身活动,严禁以任何名义发放纪念品,不得额外配发洗漱用品
35	未经批准,党政机关不得举办各类节会、庆典活动,不得举办论坛、博览会、展会活动
36	严禁使用财政性资金举办营业性文艺晚会
37	严格控制和规范各类评比达标表彰活动,实行中央和省两级审批制度
38	各级党政机关一律不得到八达岭—十三陵、承德避暑山庄外八庙、五台山、太湖、普陀山、黄山、九华山、武夷山、庐山、泰山、嵩山、武当山、武陵源(张家界)、白云山、桂林漓江、三亚热带海滨、峨眉山—乐山大佛、九寨沟—黄龙、黄果树、西双版纳、华山 21 个风景名胜区召开会议
39	地方各级党政机关的会议一律在本行政区域内召开,不得到其他地区召开;因工作需要确需跨行政区域召开会议的,必须报同级党委、政府批准

40	严禁超出规定时限为参会人员提供食宿,严禁组织与会议无关的参观、考察等活动
41	严禁在会议费、培训费、接待费中列支风景名胜区等各类旅游景点门票费、导游费、景区内设施使用费、往返景区交通费等

四、公务出差

42	出差人员应当按规定等级乘坐交通工具。未按规定等级乘坐交通工具的,超支部分由个人自理
43	出差人员应当在职务级别对应的住宿费标准限额内,选择安全、经济、便捷的宾馆住宿
44	伙食补助费按出差自然(日历)天数计算,按规定标准包干使用
45	出差人员应当自行用餐。凡由接待单位统一安排用餐的,应当向接待单位交纳伙食费
46	市内交通费按出差自然(日历)天数计算,每人每天80元包干使用
47	出差人员由接待单位或其他单位提供交通工具的,应向接待单位或其他单位交纳相关费用
48	出差人员应当严格按规定开支差旅费,费用由所在单位承担,不得向下级单位、企业或其他单位转嫁
49	实际发生住宿而无住宿费发票的,不得报销住宿费以及城市间交通费、伙食补助费和市内交通费
50	出差人员不得向接待单位提出正常公务活动以外的要求,不得在出差期间接受违反规定用公款支付的宴请、游览和非工作需要的参观,不得接受礼品、礼金和土特产品等

五、临时出国

51	不得超预算或无预算安排出访团组。确有特殊需要的,按规定程序报批
52	不得因人找事,不得安排照顾性和无实质内容的一般性出访,不得安排考察性出访
53	严禁接受或变相接受企事业单位资助,严禁向同级机关、下级机关、下属单位、企业、驻外机构等摊派或转嫁出访费用
54	出国人员应当优先选择由我国航空公司运营的国际航线,不得以任何理由绕道旅行,或以过境名义变相增加出访国家和时间
55	按照经济适用的原则,通过政府采购等方式,选择优惠票价,并尽可能购买往返机票
56	因公临时出国购买机票,须经本单位外事和财务部门审批同意。机票款由本单位通过公务卡、银行转账方式支付,不得以现金支付
57	出国人员应当严格按照规定安排交通工具,不得乘坐民航包机或私人、企业和外国航空公司包机
58	出国人员根据出访任务需要在一个国家城市间往来,应当事先在出国计划中列明,并报本单位外事和财务部门批准

59	出国人员应当严格按照规定安排住宿,省部级人员可安排普通套房,住宿费据实报销;厅局级及以下人员安排标准间,在规定的住宿费标准之内予以报销
60	参加国际会议等的出国人员,如对方组织单位指定或推荐酒店,应通过询价方式从紧安排,超出费用标准的,须事先报经本单位外事和财务部门批准
61	外方以现金或实物形式提供伙食费和公杂费接待我代表团组的,出国人员不再领取伙食费和公杂费
62	出访用餐应当勤俭节约,不上高档菜肴和酒水,自助餐也要注意节俭
63	出访团组对外原则上不搞宴请,确需宴请的,应当连同出国计划一并报批,宴请标准按照所在国家一人一天的伙食费标准掌握
64	出访团组与我国驻外使领馆等外交机构和其他中资机构、企业之间一律不得用公款相互宴请
65	出访团组原则上不对外赠送礼品
66	出访团组与我国驻外使领馆等外交机构和其他中资机构、企业之间一律不得以任何名义、任何方式互赠礼品或纪念品
六、公务用车改革	
67	党政机关公务用车处置收入,扣除有关税费后全部上缴国库
68	执法执勤用车配备应当严格限制在一线执法执勤岗位,机关内部管理和后勤岗位以及机关所属事业单位一律不得配备
69	除涉及国家安全、侦查办案等有保密要求的特殊工作用车外,执法执勤用车应当喷涂明显的统一标识
70	各单位按照在编在岗公务员数量和职级核定补贴数额,严格公务交通补贴发放,不得擅自扩大补贴范围、提高补贴标准
71	党政机关不得以特殊用途等理由变相超编制、超标准配备公务用车,不得以任何方式换用、借用、占用下属单位或其他单位和个人的车辆,不得接受企事业单位和个人赠送的车辆,不得以任何理由违反用途使用或固定给个人使用执法执勤、机要通信等公务用车,不得以公务交通补贴名义变相发放福利
七、停建与清理办公用房	
72	各级党政机关自 2013 年 7 月 23 日起 5 年内一律不得以任何形式和理由新建楼堂馆所。已批准但尚未开工建设的楼堂馆所项目,一律停建
73	各级党政机关不得以任何名义新建、改建、扩建内部接待场所,不得对机关内部接待场所进行超标准装修或者装饰、超标准配置家具和电器

74	维修改造项目要以消除安全隐患、恢复和完善使用功能为重点,严格履行审批程序,严格执行维修改造标准,严禁豪华装修
75	各级党政机关不得以任何理由安排财政资金用于包括培训中心在内的各类具有住宿、会议、餐饮等接待功能的设施或场所的维修改造
76	超过《党政机关办公用房建设标准》规定的面积标准占有、使用办公用房的,应予以腾退
77	已经出租、出借的办公用房到期应予收回,租赁合同未到期的,租金收入严格按照收支两条线规定管理,到期后不得续租
78	领导干部在不同部门同时任职的,应在主要工作部门安排一处办公用房,其他任职部门不再安排办公用房
79	领导干部工作调动的,由调入部门安排办公用房,原单位的办公用房不再保留
80	领导干部已办理离退休手续的,原单位的办公用房应及时腾退

四、251 项不合规以致舞弊贪污腐败贿赂的表现清单

一、利用审批权舞弊贪污腐败贿赂的 37 种具体表现形式	
1	把对外业务招待专设在自己经营的美食酒楼
2	私揽工程,利用公司人力、物力进行施工
3	利用职权,乘分包之便利,收受外包单位和业务往来单位贿赂
4	插手材料采购,抬高采购价,从供应商处套取现金
5	一意孤行,独断专行,私自决策公司对外合作经营,给公司造成接二连三的经济损失
6	实地调查认证不够,违反集体决策原则,冒险个人决断,带给公司经济损失
7	私自决策,承接问题工程项目,带给公司经济损失
8	未经集体决策和考察,私自决策建立分支机构,挂靠经营
9	未经上级领导同意和分公司集体决策,擅自低价处置公司房产,获取好处费
10	向下属单位索要
11	采用欺骗手段挪用公款用于个人从事营业活动
12	公章管理使用失控,被外协单位欺骗形成虚假债务纠纷
13	在审定供应商名册中收受材料和分包商贿赂
14	在招标采购过程中收受供应商、分包商贿赂
15	在材料款拨付过程中收受贿赂
16	在分包工程结算过程中收受贿赂

17	在合同变更过程中,收受供应商、分包商贿赂
18	未经请示报告,擅自对外提供贷款责任担保
19	私自让公司对外提供合同担保
20	安排直系亲属在自己管辖范围工作
21	隐瞒真实材料,骗取虚假公司资产清盘审计报告,转移国有资产
22	默许亲属等利益冲突方在公司范围的项目部内部开店营利
23	进行工程挂靠,收受外协单位的贿赂
24	收受外协单位好处费,定向确定联营分包、采购、租赁合作方
25	掌握审批权又兼出纳,将业主支付工程款提现使用,自审批自报销
26	不经审批,超标准建办公设施
27	授权亲属以公司资质承接订单
28	私刻公章和法人代表印章对外承接订单
29	违反"三重一大"决策制度,个人决定项目管理模式和责任人
30	违反集体决策原则,个人独断专行
31	分包工程、采购订单、租赁交给亲属等利益冲突关系的人
32	收受供应商婚宴礼金
33	擅自私刻项目部公章和财务专用章,擅自私刻公章和法人代表印章,导致形成对外虚假债务纠纷
34	推荐关系或亲属单位投标
35	利用职务为分包方工程结算提供便利,收受好处费
36	在确定废旧物资收购方审核过程中,收受贿赂
37	在材料验收审核过程中收受供应商贿赂

二、利用市场客服与销售实权舞弊贪污腐败贿赂的 13 种具体表现形式

1	向广告媒体投放虚假的产品或服务信息
2	向客户直接介绍虚假产品或服务信息
3	向客户隐瞒产品或服务的真实优惠信息,个人截流
4	以用于客户服务名义报销市场开拓和销售费用
5	报销非公司营销活动开支
6	实施商业行贿,影响客户在决策、采购实施、放行、计量、财务资金和获得这些活动密切相关的关键商务信息
7	实施商业攻关同时自己截流

8	将公司预算的专项销售费用用于个人开支
9	与其他投标人陪标,获得陪标费用归个人占用
10	与其他投标人串标
11	召集其他投标人进行围标
12	私下出借企业投标资质,获得利益归个人所有
13	将获得的客户订单全部或部分归入个人关系公司生产经营

三、利用人事实权贪污腐败的 9 种具体表现形式

1	领取兼职工资
2	收受贿赂,给下属调换住房、调整职位
3	编假工资表报账套取公款
4	私自任命分支机构负责人
5	私招滥雇项目工作人员
6	通过调高个人社险缴费基数,多占公司社险费
7	为内部人员工作调动而收受贿赂
8	安排亲属进工程项目管账
9	为内部人员办理人事关系而收受好处费

四、利用采购实权舞弊贪污腐败贿赂的 39 种具体表现形式

1	收受好处,舞弊将亲属、近关系朋友供应商、分包商、租赁商列入公司合格名册,享有在公司采购分包招投标中优先投标资格
2	逃避竞争性招标,采取直接议标或者少于 3 家进行采购分包,照顾亲属、近关系朋友,收受贿赂
3	通过评标标准舞弊,针对亲属、近关系朋友供应商、分包商、租赁商特征量体裁衣确定评标标准,照顾关系方中标
4	收受贿赂,在投标人资格审查中,将亲属、近关系朋友供应商、分包商、租赁商确定为投标人,为围标、陪标创造条件
5	贪污侵占材料采购、加工回扣和好处费
6	直接接受供应商采购回扣
7	越权采购材料收受回扣
8	找设计院更改特定材料型号
9	以签合同为要挟吃拿卡要
10	在材料采购、定价工作过程中收受贿赂

11	领导人员购买设备租给本单位租赁使用而谋利
12	以包代管,引起分包商材料款连带支付责任,给公司带来经济损失
13	内部集资采购原材料倒卖给自管项目谋取价差
14	个人购买钢管向公司内部项目租赁
15	利用采购,开虚假发票和阴阳发票、重复报账等冒领公款
16	利用采购、分包,与供应商、分包商内外勾结敛财
17	以既付租金又购买方式,个人占有设备资产
18	分包招标走形式,中标单位内定
19	在近亲、近朋友关系中选择供应商、分包商
20	材料和财务勾结合议,开虚假采购发票报销,侵占公款
21	各岗位人员争相各自采购,收取供应商采购回扣或者贿赂
22	不按照采购招标程序采购和分包
23	采购分包不签订分包合同
24	给亲属关系分包工程
25	变工程项目为个人承包
26	不按照程序严格执行招标,超高价签订采购、分包合同
27	不按照公司租赁制度和合同管理规定,不经过尽职审查调查,不签合同,与外单位形成实质租赁关系,导致公司资产损失
28	收受设备供应商、分包商贿赂,为他们谋取利益提供方便
29	以解决经营费用为由,签订虚假分包合同
30	收受材料商、分包商贿赂,为他们谋取利益(调高价格)
31	擅自增加、变更采购、分包合同内容
32	干预招标采购,与外协作单位串通谋取利益
33	违反采购招标回避制度,确定采购、分包对象
34	私自签订采购协议
35	私自招揽分包方
36	私自增加分包内容或提高分包价格
37	盲目采购,材料价格虚高
38	向材料商借款
39	有意向确定废旧物资收购方

	五、利用放行实权舞弊贪污腐败贿赂的 14 种具体表现形式
1	偷运库房原材料建私房
2	收受供应商好处费,包庇供货不及时
3	私自处理报废固定资产
4	让亲属质次价高供应材料
5	利用材料采购和验收便利,以次充好
6	冒充领导和经办人员签字进行材料验收
7	仓库管理过程中,材料被盗卖和浪费现象严重
8	租赁工具设备丢失赔偿大
9	直接侵占项目设备资产
10	验收材料过程中不严格,出现材料质量隐患
11	私自处理废旧物资、废旧设备
12	无出厂材料质量原始证明书或张冠李戴,点收材料
13	内外勾结,出假材料检验报告,蒙混过关
14	以放行为由,要挟吃拿卡要
	六、利用计量实权舞弊贪污腐败贿赂的 38 种具体表现形式
1	与运输商勾结,利用公司空白验收单从供应商处提货,倒卖非法获利
2	在检重过磅过程中,作弊多计量物资
3	开假入库验收单,无实物入库
4	通过外包单位提取资金私分,事后多结算或者减少分包管理费
5	伪造材料,办理入库验收手续
6	加大分包工程结算套取资金,支付业务招待、奖金、过节费等
7	不据实验收结算,修改规格型号,按高价结算,收受材料商贿赂
8	在租赁过程中虚报租金,阴阳票据骗取公款
9	利用采购验收物资,虚报验收量冒领公款
10	利用工程结算收受外协单位贿赂
11	购买假发票,私刻两公章,模仿其他材料人员和项目经理签字,以多家供应商名义办理虚假入库手续
12	出具工程分包假决算书,虚列成本,套取资金
13	分包实施过程中,材料使用混乱无记录
14	出入库无手续,随意增加减少出入库物资数量

15	材料领用记录不全
16	代理供应商进行物资结算,收取好处费
17	串通技术、会计,编制虚假分包工程结算单,套取公款
18	伪造与业主客户的虚假工程结算书,隐藏转移客户支付款
19	伪造分包结算单,套取公款
20	结算单审批走形式
21	多开工程计量单
22	做假分包工程结算,获得分包商好处费
23	开具假材料发票,获得供应商好处费
24	做分包假签证,收受分包方贿赂
25	收受贿赂,为分包方在工程管理、计量等提供方便
26	收受贿赂,为特定分包方工程计量、结算谋取利益
27	与材料商、分包商勾结开假发票,办理分包工程假结算套取公款
28	编制虚假财务票据和结算单据,套取公款
29	收受材料商、分包商贿赂,为他们谋取利益(增加计量)
30	干预调整分包结算价格和数量
31	不严格控制物资进场数量,虚增、多签收料单据
32	不严格进行盘点和消耗管理
33	在材料计量工作过程中进行舞弊计量,收受供应商贿赂
34	为分包工程计量、签证补签提供便利,收受分包方贿赂
35	虚增材料款套取公款
36	虚增分包工程量套取公款
37	处理废旧物资时少计量,收受贿赂
38	对进场的运送物资的运输车辆不进行严格的检查,与送货人内外勾结,循环进场多计量、多签收料单据
七、利用财务实权舞弊贪污腐败贿赂的94种具体表现形式	
1	转移挪用采购、租赁、外包分项工程款
2	利用废旧材料处理、工期奖、材料折扣等积攒设账外"小金库",挪为私用
3	在收取甲方工程款工程中,以如向甲方要垫资款利息则甲方不支付工程款为幌子,蒙骗领导签免收利息协议,从中收取甲方好处
4	会计出纳同一人,资金在多个账户之间划转,最后做假账,隐藏部分投资收益,占为己用

5	套取公款私分
6	私分"小金库"
7	私自占有废旧物资、报废设备处置款
8	利用负责财务,私自越职责兼部分出纳,挪用公款
9	盗取现金支票
10	在送礼过程中,截流贪污
11	利用出纳会计不分,开票、收款、记账不分,套开发票和阴阳发票等
12	私刻印章、私设银行账户,收取营业收入
13	购买虚开增值税票,抵扣税款,偷逃税
14	工程收款不入账,支出不记账
15	重复报账,公款私存
16	利用采购业务虚开发票套取公款
17	侵占管理预算开支的费用
18	截留贪污部分合同履约保证金
19	违反财经纪律,开阴阳票据,截留销售收入,冒领费用报销和截留奖金和加班费
20	坐支收款
21	私自外借款项不入账
22	以物抵工程进度款,并倒卖物资私占公款
23	虚报费用,开支套取公款
24	截留奖金
25	截留材料支付款为私用
26	收受外协合作单位好处费,为大额度资金支付调度提供便利
27	利用假发票报销,套取公款
28	私用开支列公款报销
29	公款私存,侵占利息
30	利用大额度现金支付,侵占公款
31	个人大额借现金,久借不还
32	利用出租业务,收款不入账
33	开阴阳发票,截留应收账款
34	伪造财务专用章和发票专用章
35	以支付材料款名义贪污公款

36	开公司内部食堂开支字据、开白条抵账
37	通过侵占项目食堂小卖部和处理废旧物资等收入建立"小金库"
38	个人在财务借款列备用金,长期不归还
39	收取客户业主支付款私存
40	多写支付票据金额,实际少支付,中间截留侵占
41	冒充法人代表签字和自制假公章伪造假授权委托书
42	高息拆借,占有利息
43	立虚假付款项目,侵占公款
44	财务和材料勾结合计,开虚假发票报销
45	财务制假账,侵占公款
46	大量白条、收据及假发票入账,侵占公款
47	严重违规借备用金
48	会计出纳一人兼,实施舞弊,侵占公款
49	重复领工资、奖金、误餐费,重复报销
50	用"小金库"私发奖金
51	重复填制工资会计凭证,侵占公款
52	伪造经济业务事项,填制虚假发票冲抵现金
53	报销应该个人承担的费用
54	私刻公章,私开银行账户,侵占公款
55	将公司资金转入私开银行账户,私自支配,资金体外循环
56	随意支付、修改、报销金额和多报销现金支出
57	采取涂改手段,变造会计凭证多报销
58	大额多笔现金支付购买生产资料,从中舞弊,侵占公款
59	未经分公司领导审批,对外私自借出生活费和个人借款
60	未经领导审批对外支付款项,收取好处费
61	不按照财务报销规定,白条做账和仅仅发票无验收资料证明做账
62	仅仅支票存根做账无合同等证明材料违规报销
63	自批自借、自报销餐费和出差补助
64	用保险索赔款冲抵个人财务备用金
65	私分客户业主支付的补助款
66	转移和挪用未中标的投标保证金

67	冒领材料商尾款
68	给付款单位开具收据与留存公司作账的收据填写金额不一致,贿赂对方分开开具两张支票,将其中一张支票占为己有
69	违规对外提供信用证担保
70	代理收取材料供应商材料款,收取好处费
71	以中介名义套取公款
72	转移项目工程收款
73	隐匿财务凭证
74	截留公司收入,建立"小金库"
75	获取账外经济收入
76	违反程序交纳税款,导致被骗
77	办理银行存款转账,不经过领导批示,擅自决定存入某行,收取好处费
78	收受贿赂,为分包方在工程款、材料款支付等提供方便
79	收受贿赂,为特定分包方工程款支付谋取利益
80	私分供应商退货款
81	个人擅自决定私设账外账
82	利用主管和经手本单位账外资金便利,私自挪用公款用于个人购买基金,进行营利活动,并占为己用
83	利用支付分包工程款,套取公款,用于购买个人用品
84	找借口让供应商重开发票,重复做账,侵占公款
85	利用分包结算书重复记账,侵占公款
86	利用结算书汇总数错误,多套取公款
87	利用工资表汇总错误,多套取款
88	私刻外协合作单位的公章,开具收款收据,骗取支付款
89	借用公款,还个人银行贷款,长期挂备用金,久借不还
90	利用工程收款业务中的业主工程款房产抵付,侵占抵付资产,贪污国有资产
91	擅自对外借款,付高利息
92	收入不上账,虚列支付,侵占公款
93	给某业主拖欠工程款签认虚假证明材料,收受贿赂

94	代收分包工程款,获得好处费
八、利用拥有关键信息舞弊贪污腐败贿赂的 7 种具体表现形式	
1	以经营、开拓、办理公务、招投标等商务保密信息为借口,借和挪用公款作为私用开支
2	利用公司资质私接订单
3	出具资质证明、开具发票等提供外单位帮助获得好处费
4	利用掌握的客户信息和商务信息,为外单位承接工程、工程结算提供帮助获取好处费
5	利用清理债权债务中的商务信息,内外勾结,为他人谋利,收受他人贿赂
6	在采购分包招投标开标前,透露其他投标人、评委信息,照顾关系人中标
7	在采购分包招投标开标、评标过程中,透露现场开标、评标信息,为关系人中标创造条件

五、建设投资管理审计十类 76 个风险点

一、项目前期管理问题	
1	立项论证及依据不充分
2	边设计边施工
3	勘察设计深度不够
4	铺底流动资金未拨到项目
5	建设资金使用不合规
6	违规代建工程
二、项目管理问题	
7	项目管理各方职责划分不清、履职不到位
8	监理工作未有效执行
9	使用未通过资质审核的施工队进行施工
10	超资质开发房地产项目、违规融资
11	投资项目后评价工作不到位
12	基本建设程序执行不合法规
13	未按规定实行项目监理
14	不按设计施工
15	项目投资控制不严,多列概算
16	未经批准提高设计标准
17	新增建设用地手续不完善

18	征地审批手续不完善
19	未经批准即开工建设
20	工程损失
21	项目管理其他问题(含变更管理)
三、施工管理问题	
22	工程验收弄虚作假
23	材料进场二次检化验弄虚作假
24	工程进度未达进度目标
25	资料与施工进度不同步
26	施工技术经济资料弄虚作假
27	工程项目延期
28	签证不规范、不及时
29	未按照施工方案进行施工
四、投资控制问题	
30	概算外项目投资
31	超概算投资
32	概算多计投资
33	概算少计投资
34	计划投资未按概算下达
35	计划投资管理控制不到位
36	计划外投资项目
37	重要变更未办理审批
38	现场签证及施工措施未作投资分析
39	扩大规模、增加内容、提高标准
40	单项工程、单项费用超概算
41	结算内容与现场不符
42	工程结算差错率超标
43	结算滞后
44	投资控制其他问题
五、投资核算问题	
45	挤占建设投资

46	虚列建设投资
47	多列决算投资
48	概算外建设生产设施或非生产设施
49	试生产收入费用差未调整投资
50	未按单项及概算口径归集投资
51	工程报废物资变卖收入未入账
52	少列、多列尾工费用
53	工程其他收入未入账
54	挪用、挤占建设资金
55	使用不规范票据入账核算
56	工程施工成本列支不合规
57	违反其他建设资金管理问题
六、投资充分体会审减	
58	前期费用不实
59	工程费用不实
60	其他费用不实
七、竣工决算问题	
61	竣工决算滞后
62	工程资料手续不完备,资料不完整、不及时
63	尾项工程未签尾项协议
八、竣工验收管理问题	
64	竣工预验收不规范
65	竣工预验收超过规定期限
66	竣工验收各单项验收协调不力,逾期
67	项目未进行安全、环保验收
68	竣工(预)验收其他问题
69	环保费用和文明施工费是否全额投入
70	工程维修费与质量质保费用的甄别
九、违反建筑工程发包与承包问题	
71	转包和违法分包建设工程
72	违反总包管理规定

73	竣工资料弄虚作假
74	违反其他发包与承包问题
75	工程质量不合格或存在质量隐患
76	监理人员结构不合理,在质量控制方面未能完全履行责任。

六、通用财经法规审计类五类 120 项违法违规行为

	一、违反审计法规行为
1	各级党委或政府未支持审计机关依法履行职责
2	行政机关、社会团体或个人干涉审计机关独立行使审计监督权
3	各级党委或政府未及时解决审计机关的实际困难或问题
4	涉及管理、分配、使用公共资金、国有资产、国有资源的部门或单位不接受或配合审计
5	制定限制向审计机关提供资料或开放计算机信息系统查询权限的规定
6	拒绝或者拖延提供与审计事项有关的资料
7	拒绝、阻挠审计人员检查有关资料和资产
8	拒绝、阻挠审计人员就审计事项的有关问题向有关单位和个人调查
9	审计机关履行审计监督职责,公安、监察财政、税务、海关、价格、工商行政管理等机关未给予协助
10	威胁恐吓、打击报复、陷害审计人员
11	对审计机关作出的审计决定不服,不申请行政复议、提起行政诉讼或提请裁决又拒不执行
12	各级党委或政府未把审计监督与党管干部、纪律检查、追责、问责结合起来
13	有关部门或单位未认真核实查处,并及时向审计机关反馈审计机关依法移送审计发现的违纪违法问题线索或其他事项的查处结果
14	对审计发现的典型性、普遍性、倾向性问题和提出审计建议,有关部门或单位未认真研究,及时清理不合理的制度或规则,建立健全相应的制度规定
15	领导干部经济责任审计结果和审计发现问题的整改情况,未纳入所在单位领导班子民主生活会或党风廉政建设责任制检查考核的内容,未作为领导班子成员述职述廉、年度考核、任职考核的重要依据
16	有关部门或单位对审计发现的问题整改不力、屡审屡犯
17	未将审计结果及其整改情况作为考核、奖惩和问责的重要依据
18	有关部门或单位未根据审计发现的问题与被审计单位主要负责人进行约谈、追责、问责

19	各级人大常委会未把督促审计查出突出问题整改工作与审查监督政府、部门预算决算工作结合起来,建立听取和审议审计查出突出问题整改情况的报告机制
20	对审计机关发现的问题和提出的审计建议的整改结果未向社会公告

二、违反会计核算法规行为

21	未按规定建立健全内部财务管理制度
22	未按规定建立健全单位内部会计监督制度并予以实施
23	未依法设置会计账簿
24	私设会计账簿登记、核算
25	以流水账代替会计账簿
26	不设账簿登记,以原始凭据代替
27	在依法设置的会计账簿外设账登记、核算
28	未按规定设立核算津贴补贴的会计科目
29	未按工程项目分账核算
30	会计与出纳任职未取得会计从业资格证书
31	货币资金业务不相容岗位未分离、制约和监督
32	财务报销管理不相容岗位未分离、制约和监督
33	未按规定使用会计记录文字或者记账本位币
34	随意变更会计处理方法
35	会计处理方法未及时变更或未在报告中说明变更的原因、情况及影响
36	会计处理方法前后期不一致
37	设置的会计账簿不完整
38	填制、取得的原始凭证不符合规定
39	原始凭证上有刮、补、挖、擦痕迹
40	原始凭证大小写金额不一致
41	原始凭证未按规定填写日期
42	虚假原始凭证
43	原始凭证未按规定进行审核
44	原始凭证记载的各要素内容不规范、不真实
45	以未经审核无误的原始凭证编制记账凭证
46	以未经审核的会计凭证为依据登记会计账簿
47	会计账簿登记差错未按规定的方法更正

48	会计账簿记录发生隔页、缺号、跳行
49	领款人和经办人未签字确认
50	会议费报销不规范,存在未附会议通知及人员签到簿等证明资料
51	支付款项未按规定向收款方取得发票
52	单位资金或财产未纳入会计核算
53	往来款长期挂账
54	收入不入账
55	收支未纳入单位统一会计核算
56	通过虚列支出、资金返还等方式将资金转到账外
57	账证、账实、账账、账表不符
58	向不同的使用者提供编制依据不同或隐瞒重要事实的财务会计报告
59	会计资料未建立档案,未妥善保管
60	会计档案管理不合规
61	未按规定保管会计资料,造成会计资料毁损、灭失
62	单位负责人授意会计人员销毁会计资料
63	伪造、变造会计凭证、会计账簿,编制虚假财务会计报告
64	转移、隐匿、篡改、毁弃依法应当保存的会计凭证、会计账簿、财务会计报告
	三、违反货币资金管理法规行为
65	未按规定开立银行结算账户
66	未按照不同的项目单独设立专用银行账户
67	违规开立银行结算账户
68	违规在金融机构开立两个以上的基本账户
69	出租银行账户
70	出借银行账户
71	未及时撤销银行结算账户
72	存款人违规支取现金
73	超出核定的库存现金限额留存现金
74	超过规定限额使用现金
75	超过规定范围支付现金
76	超过现金结算起点使用现金支付
77	以借据等自制凭据顶替库存现金

78	未经批准坐支或者未按开户银行核定坐支额度和使用范围坐支现金
79	现金未日清月结、账款相符
80	收支和使用现金的单位未接受开户银行的监督
81	在多家银行开户并办理现金收支业务
82	谎报用途套取现金
83	私存私放资金
84	将单位的资金以个人名义开立账户存储
85	大量现金收付业务通过储蓄账户完成
86	以个人名义开立单位专用银行账户
四、违反国有资产管理法规行为	
87	未向同级财政部门申请,利用账外资金注册公司
88	未如实在规定期限内办理国有资产占有登记
89	未如实在规定期限内办理国有资产变动产权登记
90	未在规定期限内办理国有资产注销产权登记
91	未在规定期限内办理境外国有资产产权登记
92	隐瞒真实情况,虚报国家资本金,骗取境外国有资产产权登记
93	不按规定办理境外国有资产变动产权登记或注销产权登记
94	在规定期限内不办理境外国有资产产权登记年度检查
95	申办境外国有资产产权登记年度检查时提供虚假文件、资料
96	机器设备未在固定资产账进行登记
97	未对固定资产实施有效管理
98	国有资本经营收支预算调整过大,预算约束力不强
99	国有资产占有单位与评估机构串通作弊
五、违反其他财经法规行为	
100	党费、会费财务管理不规范
101	未经批准,向社会不特定对象集资
102	以非法占有为目的、使用诈骗方法从事非法集资
103	未经批准,擅自从事以还本付息或者以支付股息、红利等形式向单位或个人进行有偿集资活动
104	以发起设立股份公司为名,变相进行集资活动
105	发行变相货币或以票券代替人民币在市场流通

106	代扣税款未上缴
107	以租代征非法占用土地
108	未办理营业登记从事经营活动
109	上级部门强令公司登记机关对不符合规定条件的登记申请予以登记
110	聘用职工未签订劳动合同
111	未办理社会保险登记、变更登记或者注销登记
112	拒不出具终止或者解除劳动关系证明
113	超比例缴纳补充养老保险金
114	超比例缴纳补充医疗保险金
115	列支应由职工个人缴纳的补充养老保险金
116	用人单位弄虚作假,虚报安排残疾人就业情况
117	在成本费用中列支职工个人购买的财产保险、人身保险等商业保险
118	企业在成本中列支职工商业保险费用
119	未按时发放农民务工人员工资
120	未足额发放农民务工人员工资

七、函证相关问题的关注

近年来,财务舞弊事件频频发生,会计师事务所及注册会计师因审计工作未勤勉尽责,也接连受到监管部门的处罚。我们注意到,这些审计失败案例中,存在问题较多的是在函证程序方面,尤其是货币资金函证上,监管部门对勤勉尽责的理解与行业内通常理解存在期待差异。面对管理层串通舞弊的风险,有效的设计和实施函证程序仍然是重要的应对手段。注册会计师在年报审计实施函证程序时,应重点关注以下几个方面。

一、关注银行函证的完整性

(一)常见问题

(1)只选择年末余额较大的账户发询证函,忽视了发生额较大但余额较小的账户、异地开立的账户以及重要分支机构开立的账户。

(2)未对在本期内注销的或期末余额为零的银行账户实施函证程序,且未说明不实施函证程序的理由或记录的理由不充分。

(3)当在同一银行网点同时开立活期存款和定期存款账户时,未同时对定期存款余额实施函证程序;或函证时,对于定期存款中可能存在部分货币资金受限制的情况,仅实施其他替代程序(如查询有关开户银行的网银和中国人民银行征信中心的企业信用报告),未在函证中注明存款是否存在受限情况并且要求银行进行确认。

(4)未对部分无借款余额的银行账户进行函证。

(5)仅对银行账户余额和借款进行函证,未对票据、理财产品、对外担保信息、银行账户是否被纳入集团资金池范围等进行函证。

(二)风险应对

在询证函发出前,注册会计师应当考虑实施以下审计程序。

(1)根据《中国注册会计师审计准则问题解答第 12 号——货币资金审计》规定:如果对被审计单位银行账户的完整性存有疑虑,注册会计师应当在企业人员陪同下亲自到中国人民银行或基本存款账户开户行查询并打印《已开立银行结算账户清单》,观察银行办事人员的查询、打印过程,并检查被审计单位账面记录的人民币结算账户是否完整。

(2)对《已开立银行结算账户清单》上的银行账户与被审计单位的银行存款余额明细表进行核对:检查是否存在《已开立银行结算账户清单》中记录的已开立银行账户但被审计单位银行存款余额明细表中未记入的账户,若不一致须记录不一致的原因,并且对该账户实施函证程序。

(3)确定实施函证程序的银行账户范围,包括:

①同时在《已开立银行结算账户清单》和被审计单位银行存款科目余额表上显示的未注销的银行账户(特别提示,对于发生额较大但期末余额较小或为零的账户也应将其纳入函证范围)。

②同时在《已开立银行结算账户清单》和被审计单位银行存款科目余额表上显示已注销的,但注销时间是在审计期间内的银行账户。

③在《已开立银行结算账户清单》上显示使用状态,但是未在被审计单位银行存款科目余额表内显示的银行账户。(可以不含单位工会、党委、团委等组织以单位名义开立且未与单位发生经营活动有关的收支事项的非预算单位账户,以及不纳入审计范围的金融机构资管产品专户)

④对于被审计单位账面有记录而《已开立银行结算账户清单》未显示账户的情况,如外币账户、保证金账户等,此类账户同样应纳入函证范围。

(4)应当充分关注函证信息的完整性,函证内容应关注是否存在被审计单位控股股东/实际控制人相关的资金归集业务或资金管理协议等。

(5)考虑从金融机构获得被审计单位的企业信用报告,加盖该金融机构公章,并与被审计单位账载信息相核对,以证实是否存在被审计单位没有记录的贷款、担保、开立银行承兑汇票、信用证、保函等事项。根据金融机构的要求,注册会计师获取信用记录时可以考虑由被审计单位人员陪同前往。在该过程中,注册会计师需要注意确认该信用记录没有被篡改。

二、关注函证过程的控制

（一）常见问题

（1）注册会计师未直接发出询证函并予以跟进，函证过程中均有被审计单位人员参与。例如，由被审计单位财务人员代为发函或收函。

（2）询证函发出前，未认真核对被询证者的名称，未识别并验证被询证者的适当人员、地址，而是根据被审计单位提供的错误地址寄发函证。

（3）对未回函的函证未采取应有的控制措施。例如，再次发函或电话咨询银行函证进度。

（4）部分询证函回函原件、快递单丢失。

（二）风险应对

注册会计师应当对寄发与收回函证过程保持应有的控制。

（1）注册会计师需要采取以下审计程序对发函过程保持应有的控制：根据舞弊风险的评估结果，对询证函的发出可以采用邮寄、跟函、电子询证函等方式。

①采用邮寄方式。

对由被审计单位提供的被询证者的地址，注册会计师应当对发函地址实施核对程序。如被函证单位的注册地址与实际收件人地址不一致，应实施相关审计程序，查明原因并形成审计底稿，必要时应进行实地访谈，以甄别实际收件人地址真伪。在函证客户、供应商时可以先电话问询（需要通过合理的方式验证电话号码和联系人身份的真实性），确认企业的收件信息和复函能力，将确认过程记录，如把时间、地点、人员信息、确认方式、确认结果等必要信息记录在审计工作底稿中（如果采用电话录音等方式记录，则请考虑是否需要在录音前告知对方，以避免可能存在的法律风险）。

如果采用邮寄方式，为避免询证函被拦截、篡改等舞弊风险，在邮寄询证函时，注册会计师应当在核实被询证者的联系方式后，避免使用被审计单位本身的邮寄设施，独立寄发询证函。特别注意，在邮寄时可以填制"发函清单"，并将有关快递单号及所发出的函证复印件或扫描件附在所填制的"发函清单"后，一并作为工作底稿归档。

②采用跟函方式。

跟函，是指注册会计师独自或在被审计单位员工的陪伴下亲自将询证函送至被询证者，在被询证者核对并确认回函后，亲自将回函带回的方式。

不少舞弊案例中，都发生因快递被截留而导致审计失败的情况，故对重要的信息函证如银行函证应谨慎使用邮寄方式，项目组可以结合具体情况，考虑采取跟函方式，尤其是异地的异常账户。

注册会计师以跟函方式实施函证的，可以实施以下控制措施：

a.考虑委派人员是否具备相应经验和胜任能力,对跟函人员强调其在跟函过程中应保持必要的职业怀疑;

b.了解被询证者处理函证的通常流程和处理人员,银行函证应在对公柜台办理而非客户经理办公室;

c.确认处理询证函的员工身份和处理询证函的权限,如索要名片、记录员工卡号和姓名牌,或者拍照留存等;

d.观察处理询证函的被询证者员工是否按照处理函证的正常流程认真处理询证函,如该人员是否在其计算机系统或相关记录中核对相关信息;

e.根据对被询证者处理函证的通常流程的了解,尤其是被询证银行的函证审批流程,评估采用跟函方式以及现场取得回函的合理性。

如果被询证者同意注册会计师独自前往被询证者处实施函证程序,注册会计师可以独自前往。如果注册会计师跟函时需要被审计单位员工陪伴,注册会计师需要在整个过程中保持对询证函的控制,对被审计单位和被询证者之间可能发生的串通舞弊风险保持警觉。同时,对通过跟函方式收到的回函,建议留有跟函的影像证据,包括但不限于拍照、录像等方式。

③采用电子询证函形式。

注册会计师可以通过电子询证函平台实施函证程序。通过电子询证函平台实施函证程序时,电子签名取代了传统纸质询证函方式中的实体签字和盖章。如果电子询证函平台安全可靠,注册会计师可以采取该方式发送并收回询证函。

实务中,电子询证函平台目前主要包括两类,一类是专门提供询证函平台服务的第三方平台,另一类是被询证者(如商业银行等金融机构)自身的电子询证函平台。这两类平台的性质不同,前者是为注册会计师、被审计单位和被询证者提供网上平台服务的专业服务机构,后者则是被询证者自主负责的平台。两者相关的系统设置和函证流程也有明显区别。

无论是通过第三方电子询证函平台还是商业银行等金融机构自身的电子询证函平台,实施函证都存在可能导致询证函回函不可靠的风险,包括独立性风险、安全性风险等。注册会计师采用电子询证函可以实施以下控制措施。

a.评估第三方电子询证函平台的独立性和安全可靠性。

Ⅰ.采取措施评估第三方电子询证函平台与被审计单位是否存在形式上或实质上的关联关系。

Ⅱ.评估第三方电子询证函平台聘请的信息安全认证机构或专业人员的胜任能力、专业素质和独立性,并记录相关评估过程、取得的证据和得出的结论。

Ⅲ.了解第三方电子询证函平台及其所有者和运营商的组织架构、是否存在被监管机构处罚等与电子询证函平台的独立性、安全可靠性等方面相关的信息,评估通过第三方电子询证函平台收发电子询证函是否可靠。同时,记录其依据信息安全认证机构颁发的信息系统安全测评证书或专业人员出具的鉴证报告来合理评估第三方电子询证函平台可靠性的过程、获取的证据及得出的结论。

Ⅳ.了解第三方电子询证函平台聘请的信息安全认证机构或专业人员测试的范围、实施的程序、程序涵盖的期间以及自实施程序以来的时间间隔,评估信息安全认证机构或专业人员的工作是否支持通过第三方电子询证函平台实施函证程序的可靠性。

b.评估商业银行等金融机构自身的电子询证函平台回函信息传输过程的安全可靠性。

注册会计师可以采用自身会计师事务所的 IT 端口对接商业银行等金融机构的电子询证函平台,以避免回函信息因暴露在公众网络而受到拦截篡改的风险。如果回函信息是利用公共网络发送或传输给注册会计师的,则注册会计师还需考虑传输过程的安全性风险,采取相应措施。

评估第三方电子询证函平台和商业银行等金融机构自身的电子询证函平台的可靠性工作通常在会计师事务所层面实施,而无须由单个审计项目组来实施。

(2)注册会计师需要综合分析以下信息对邮寄方式收到的回函过程保持应有的控制:

①回函是否由被询证者直接寄给注册会计师,如检查回函邮戳显示的回函地址(邮编)与发函函件列示的被询证者地址(邮编)是否一致;

②寄给注册会计师的回邮信封或快递信封中记录的发件方名称、地址是否与询证函中记载的被询证者名称、地址一致;

③邮寄方式收到的回函原件及快递单需要以附件形式附在所填制的"回函汇总表"后,一并作为工作底稿归档。

需要提醒的是,邮寄方式实施函证所获取的回函必须是由被询证者直接向审计人员回复,不得委托被审计单位的相关人员接收后转交审计人员。

(3)注册会计师需要采取以下审计程序对未收到回函的过程保持应有的控制:

①对原询证函的控制过程进行检查。

a.检查相关发函信息,如通过邮寄方式发出询证函时,检查收件人和寄件人地址、联系方式是否正确。必要时,以电话或邮件咨询被询证者,或通过被询证单位官网,以及天眼查、企查查、国家企业信用信息公示系统等第三方平台核对有关收件人和寄件人地址。

b.如果函证丢失,应联系被询证者的相关人员,再次发函。

②如果实施上述审计程序后,仍无法获得回函信息,审计人员需要重新评估被审计单位的重大错报风险,以及该函证科目的性质和金额,实施替代程序获取相关、可靠的审计证据,并在审计底稿记录未获得函证的原因和相关替代程序的审计证据。

三、关注回函的可靠性

（一）常见问题

（1）部分询证函回函上的签章，并非被询证者本人的签章。

（2）没有核对回函原件骑缝章的完整性，询证函被企业截留并替换了其中几张关键信息。

（3）回函的快递单无寄件人电话和姓名，且寄件地址模糊不清、不易辨认。

（4）回函的寄件地址与询证函中记载的被询证者地址不一致，注册会计师未实施程序核实询证函确实是由被询证者寄回。

（5）回函并非由被询证者直接寄给注册会计师，而是由被审计单位寄给注册会计师。

（6）大量回函的快递单存在连号或号码接近。

（7）数家回函均留有同样的邮寄信息。

（8）不同的回函寄件人电话相同。

（9）不同的回函由同一快递员收件。

（二）风险应对

所有回函都可能存在被拦截、更改或其他舞弊风险。如果存在对询证函回函的可靠性产生疑虑的迹象，注册会计师应当进一步获取审计证据以消除这些疑虑。未保持职业怀疑或未充分考虑回函可靠性可能导致注册会计师采信被审计单位伪造的函证，无法识别被审计单位虚增收入、虚增采购、虚构交易等行为。

（1）通过邮寄方式发出询证函并收到回函后，注册会计师应当至少实施以下程序评价回函的可靠性：

①核对回函原件与底稿中保留的询证函复印件或电子扫描件，确认询证函回函与发出的询证函是同一份；

②核对回函信封的邮戳、寄件地址、寄件人电话、寄件人姓名，确认回函是由被询证者直接寄给注册会计师；

③核对回函上的印章、签名与注册会计师审计时获取的有关业务合同或其他相关单据中被询证者的公司公章、签名一致，确认回函确实是由被询证者寄出，必要情况下，注册会计师可以亲自前往被询证者处进行核实。

（2）注册会计师应当考虑回函可靠性的疑虑是否表明存在舞弊风险迹象，针对舞弊风险迹象，注册会计师可以考虑进一步实施以下审计程序予以应对：

①验证被询证者是否存在、是否与被审计单位之间缺乏独立性，其业务性质和规模是否与被询证者和被审计单位之间的交易记录相匹配；

②与从其他来源得到的被询证者地址（如与被审计单位签订的合同上签署的地址、

发票地址、网络上查询到的地址)相比较,验证寄出方地址的有效性。

四、关注回函不符事项

(一)常见问题

(1)对于回函差异未予关注、未做调整,也未实施进一步的审计程序。

(2)以回函差异占回函金额的比例较小,且低于重要性水平为由,未做进一步追查,未发现未入账的事项或可能存在的舞弊情形。

(3)当询证函回函中出现新的审计证据时,如定期存款质押等情况,未对函证结果进行评价。

(二)风险应对

(1)函证为注册会计师从外部独立来源获取的重要审计证据,注册会计师应重视评价回函结果。注册会计师应当充分调查回函不符事项,以确定是否表明存在错报,并评价错报是否表明存在舞弊。未充分调查回函不符事项可能导致注册会计师未能发现财务报表重大错报。

(2)调查回函不符事项时,注册会计师应当考虑不符事项的原因、频率、性质和金额,不应以回函差异占比较小或金额较小为由不进行进一步调查;也不应仅仅满足于管理层提供的差异解释,应当针对回函差异获取充分、适当的审计证据印证管理层的解释,并应在审计工作底稿中记录不符事项详细内容、差额说明,或作出的调整。

(3)针对不符事项,注册会计师根据具体情况可以实施审计程序,获取审计证据的举例包括但不限于:

①被审计单位在资产负债表日前确认了应收账款和收入,但客户在资产负债表日后才将该笔交易作为应付款项入账。注册会计师可以实施截止性测试,检查销售合同或订单、发货记录、客户签收单等,验证回函不符事项是否由于时间性差异造成的。

②客户在资产负债表日后将货物退回被审计单位,但被审计单位未能及时对退货进行会计记录。注册会计师可以对退货实施截止性测试,检查退货通知单、收货单据、库存商品永续记录、红字发票等,验证回函不符的原因。

③客户已经在资产负债表日前付款,但被审计单位在资产负债表日后才入账。注册会计师可以检查收款记录,核实该笔汇款是否在资产负债表日后收到,存入银行账户的款项是否在正确期间计入应收账款明细账。

④当被审计单位的某一客户亦是其供应商时,应收账款和应付账款可能已经互相抵销,不符事项系由抵销所致。在这种情况下,注册会计师需要确认被审计单位与其客户/供应商之间的协议是否允许这种抵销。

⑤当有迹象表明被审计单位与其客户之间存在争议,或回函不符事项表明被审计单位的客户可能不愿意或无力偿付时,注册会计师应当获取客户偿付能力的审计证据,

如查阅被审计单位与客户的往来邮件、客户的财务报表、公开的诉讼情况、新闻报道等，考虑计提减值准备的适当性。

五、关注替代程序

（一）常见问题

（1）未关注回函收到日期，对于审计报告日后的回函，未说明原因，也未执行替代程序。

（2）询证函未回函的情况下，未实施替代程序。

（3）未收到回函的情况下，实施的替代程序不充分，替代程序流于形式，不具有针对性、有效性。例如，应收账款替代程序未结合被审计单位收入确认原则和依据来获取证据，仅抽查发票、商品发出记录，未查看客户签收单、物流信息、合同等。

（4）当未收到回函，且执行的替代程序不能够取得满意的审计证据时，未追加必要的审计程序予以应对并考虑对审计意见的影响。

（二）风险应对

（1）注册会计师应关注回函收到的日期，是否为审计报告日前收到的回函。对于审计报告日后收到的回函，应在底稿中说明原因。如回函结果存在异常，应进一步追查差异原因，必要时考虑修改已出具的审计报告及已审财务报表。

（2）如果注册会计师认为函证很可能无效，或被询证者未回函，注册会计师应当实施有效的替代程序以获取相关、可靠的审计证据。注册会计师如果认为存在舞弊风险，或者执行替代程序不能够获取满意的审计证据，则应考虑未回函结果对审计意见的影响。

（3）对于应收账款，注册会计师可能实施的常用替代审计程序包括检查期后收款、货运单据及临近期末的销售。实务中，注册会计师在实施替代程序时需考虑被审计单位的具体情况。例如：

①如果能够确定被审计单位期末应收账款的余额是由哪几笔交易构成的，则可以实施的替代程序为：a.检查期后收款记录；b.检查期初余额是否与上期期末余额一致；c.检查构成期末应收账款余额的销售合同、销售订单、发票、出库单、货运单据、客户验收单据以及与客户对账的记录等支持性文件。

②如果不能够确定被审计单位期末应收账款的余额是由哪几笔交易构成的，则可以实施的替代程序为：a.检查期后收款记录；b.检查期初余额是否与上期期末余额一致；c.测试本期发生额，包括借方发生额和贷方发生额，并检查相关支持性文件，如销售合同或协议、发运凭证、货物验收单据、银行回款单据等。

③应结合被审计单位的收入确认原则和依据获取相关证据，如外销收入确认以报关出口为收入确认具体原则的，应获取报关单；如收入确认以发货验收为原则的，应获

取客户验收单;如收入确认以最终验收为具体原则的,应获取最终验收报告(注意与发货验收及初验报告的区别)。

六、关注审计工作底稿中关于函证程序的记录

(一)常见问题

(1)函证控制程序记录不充分。例如,未记录被询证者的地址、未记录被询证者联系方式的获取途径与核实过程、未记录或保留函证寄发的信息(发函的快递单号、快递面单、函证复印件)等。

(2)对部分银行账户未实施函证时,在底稿中未记录不函证的理由或记录的理由不充分。

(3)部分询证函回函原件及快递单丢失。

(二)风险应对

函证是注册会计师从独立来源获取的重要审计证据,注册会计师应当充分记录整个函证程序实施过程,包括发函前确认询证函寄发的收件人姓名、单位名称和地址的程序,寄发函证的过程以及回函的信封等。

八、利用审计经验构建数据分析模型的八种方法

审计人员在长期对某个行业或某类问题的反复审计、分析过程中,往往能摸索、总结出此类行业或某类问题的特征,利用这种经验,可以将问题的表征转化为特定的数据特征,构建审计分析模型。常用的 8 种方法如下。

1.异常资金流向分析法	业务交易对手异常,业务交易背景可疑,资金流向至不符合常理的账户。当数据特征表现为无法解释原因时,通过合理怀疑交易的真实性来达到查找重大违规事项和案件线索的目的。当某类交易符合一定特征时,模型大胆假设具备此特征的交易可能存在重大违规事项和案件线索
2.模糊匹配分析法	个别模型在编写时可能会无法准确关联对方交易,只能采取模糊匹配,查找资金走向
3.情理推测分析法	当某些交易的可疑特征用正常思维无法合理解释原因时,通过建立模型查找具有这类特征的疑点,供现场分析核实是否存在重大违规或案件线索
4.关键特征分析法	主要通过总结以往案件或重大违规事项表现出来的交易特征,或通过对业务交易摘要进行某些关键字词的搜索,建立疑点模型
5.比较分析法	将被审计单位电子数据与既定标准或常规数据之间进行比较,如果偏离合理值较大,就应特别关注,以获取有关审计线索

6.趋势分析法	审计人员将被审计单位若干期财务或业务数据进行比较和分析,从中找出规律或发现异常变动的方法,从中看出被审计事物发展的总体趋势,并结合审计经验来判断被审计单位某些财务数据或业务数据存在错弊的可能性
7.分层分析法	选取一个数值类型的字段作为分层字段,将这一字段划分为若干个相等或不等的区间,通过观察对应的其他字段在分层字段的各个区间的分布情况来确定需要重点考察的范围。它是通过数据分布来发现异常的一种常用方法。分层结果反映了被统计字段在分层字段各个区间上的分布情况,审计人员可以根据这些线索来发现异常或确定审计重点,结果集中或显著的区间,就应引起审计人员的注意
8.分类分析法	根据数据的属性以某一项或几项属性作为标准,对数据进行划分,使得具有相同属性的数据聚合在一起。通过观察其他对应字段在分类字段各个取值点上的分布情况来确定需要重点考察的对象或发现异常情况,确定审计线索

九、内部审计依据

审计依据是指查明审计客体的行为规范,是据以作出审计结论、提出处理意见和建议的客观尺度。

一、按审计依据来源渠道分类

(一)外部制定的审计依据

国家制定的法律、法规、条例、政策、制度;地方政府、上级主管部门颁发的规章制度和下达的通知、指示文件等;涉外被审事项,所引国际惯例的条约等。

(二)内部制定的审计依据

被审单位制定的经营方针、任务目标、计划预算、各种定额、经济合同、各项指标和各项规章制度等。

二、按审计依据性质内容分类

(一)法律、法规

法律是国家立法机关依照立法程序制定和颁布,由国家强制保证执行的行为规范总称。如宪法、刑法、会计法、审计法、预算法、税收征管法、海关法、各种税法、企业法、公司法、经济合同法等。法规是由国家行政机关制定的各种法令、条例、规定等,如《全民所有制企业转换经营机制条例》《价格管理条例》《企业会计准则》《企业财务通则》等。

（二）规章制度

规章制度主要有国务院各部委根据法律和国务院的行政法规制定的规章制度；省、自治区、直辖市根据法律和国务院的行政法规制订的规章制度；被审单位上级主管部门和被审计单位内部制订的各种规章制度等。例如，国家主管部门制定的各项财务会计制度，单位内部制定的各项内部控制制度等。

（三）预算、计划、合同

如国家机关事业单位编制的经费预算，企业单位制定的各种经济计划，被审单位与其他单位签订的各种经济合同等。

（四）业务规范、技术经济标准

如人员配备定额、工作质量标准、原材料消耗定额、工时定额、能源消耗定额、设备利用定额等。此外，还有国家制定的等级企业标准、优秀企业的管理条例等。

三、按审计依据衡量对象分类

（一）财务审计依据

财务审计的主要目标是对被审单位经济活动的真实性和合法性做出审计和评价。因此，财务审计的主要依据有国家的法律、法规；国家主要部门或地方各级政府制定的规章制度；单位自己制定的会计控制制度、计划、预算、合同等。

（二）经济效益审计依据

经济效益审计的主要目标是对被审计单位经济活动的有效性做出审计和评价。因此，经济效益审计的主要依据有单位的管理控制制度、预算、计划、经济技术规范、经济技术指标，可比较的各种历史数据、同行业的先进水平、上等级企业的标准、优良企业的管理规范等。

总结：

一是熟悉审计依据所涉及的法律、法规、规章、制度等。有时候，审计人员明明觉得某个经济行为有问题，可就是找不到相应的审计依据，这就是对法规、制度等不够熟悉。

二是能够解析地看待法律、法规、规章、制度等。所谓解析，就是审计人员在深入了解法律、法规、规章、制度等的基础上，能够分析解构，能够较严谨地和经济行为对应起来。

三是能够辩证地看待法律、法规、规章、制度等。尤其是企业组织制定的一系列规章制度，其中不一定完全的合理或者符合实际情况。审计人员在引用审计依据并指出审计问题后，要考虑被审计单位的实际经营情况和问题如何整改。

四是发展地看待法律、法规、规章、制度等。市场经济下,影响企业组织的外部因素变化很快。企业组织也在不断地通过组织创新、产品创新、经营创新等进行变革,以适应市场的变化。很多法律、法规、规章、制度等已经是很多年前制定的了,是否符合现在的市场环境,审计人员也要以发展的眼光来看待。

审计人员在与被审计单位沟通时,不要像权力部门那样,直接搬来法规、条例指出问题的存在,而是要把审计依据和审计发现问题有机地结合起来,指出问题的风险、影响。

无论怎样,正确地运用审计依据,将增加内部审计的权威性和专业性,更有效地说服被审计单位。

十、"隐匿收入"的审计技巧

一般情况下很难在会计资料中发现"隐匿收入"问题。在审计过程中,要根据不同情况采用不同的审计方法。如果方法得当会省时省力,并能取得事半功倍的效果。

一、对耗用原料的重量与生产出的产品重量之间的钩稽关系进行验证

一般的生产型企业,耗用原料的重量与产成品重量之间存在一定的钩稽关系。例如,能了解此钩稽关系并对其进行验证,从中发现异常,再顺藤摸瓜,往往就会发现未入账收入的线索。这种钩稽关系包含两方面的内容。

(一)成品的产出率

有的小企业为了隐匿产品销售收入,会将产成品不全部入账。不入账产成品销售后形成的收入也不纳入账内核算。

若将该企业的成品产出率与行业平均水平进行比较,就会发现其产出率远低于行业平均水平,从此处入手,再辅之以调查询问、实地观察、与仓库记录进行核对、监盘等审计手段,往往就能使这部分隐匿不入账的产品销售收入浮出水面。

(二)下脚料

有些行业在生产出成品的同时,也会产生大量的下脚料或下脚产品。有的企业账面反映的成品产出率比较正常,但对这些下脚料则不在账面反映,其形成的销售收入也就成了账外收入。

A公司账面反映十一年共耗用原材料5 678吨,生产成品4 561吨。向当地的纺织企业进行了解后得知,原料耗用量扣除1%~2%的损耗后与产成品和下脚料的重量之和大致相等,下脚料售价根据品质状况确定,平均售价在原材料价格的50%左右。A公司账面所反映的数据与此钩稽关系明显不符,且差距较大。经了解,A公司成品产出率在正常范围内,原料重量与成品重量的差距应为下脚料的重量。根据测算,这期间A公司产出的下脚料约在1 000吨左右,若全部正常出售,含税售价约在×××万元左右。但账

面从未反映过下脚料销售收入，即隐匿了×××万元左右的收入未入账。

当然，不同的行业，这种钩稽关系不尽相同。这就要求审计人员平时要做有心人，善于搜集这方面的资料。

二、核对产成品的销售结转数量与账面销售数量是否相符

审计人员一般不太注重对产成品的销售结转数量与账面销售数量的核对工作，绝大多数企业这两者也是相等的。但对隐匿收入不入账的企业来讲，其账面反映的销售数量小于实际销售数，如果账面反映的产品产量是真实的，则期末库存商品的账面结存数量就会大于仓库实际库存数。为了避免账实不符，有些企业就会人为调整产成品的销售结转数量，致使结转数量大于账面销售数量。审计人员如能对这两者加以核对比较，发现差异，就能"揪"出未入账收入。

A公司在十年多的时间里，共多结转产品销售数量×××××千克。如这部分产品确已对外出售，则属于隐匿销售收入不入账的行为。按照当时相同产品的平均售价测算，这部分产品的含税销售收入约在×××万元左右。

当然，产品的销售结转数量与账面销售数量存在差异，不一定都与隐匿销售收入有关，也有可能是财务人员疏忽、误记所造成的。这时，可以通过对盘点库存商品来鉴别。如产品的实际库存数与账面结存数量不符，且差额等于上述两者之间的差异，则该差异是误记所造成，只要按照正确的销售数量调整即可；如产品的实际库存数与账面结存数量相符，则说明上述两者之间的差异是有意而为之，必然与隐匿销售收入有关。

三、将被审计单位的电耗水平与行业平均水平对比

有些生产加工型企业有一部分对外加工业务，即由对方提供原料及主要材料，加工企业不提供任何材料或仅提供极少的辅料，按照对方的图纸、要求等为其进行加工的业务。一些企业可能会将这类业务中不开具正式发票，且以现金收取的加工费部分隐匿不入账，形成账外收入。

由于这类业务基本不耗用企业的材料，且加工出的产品全部交给对方单位，不增加企业的库存，因此无论是通过检查账面记录还是盘点实际库存数，都不易发现其异常，具有较强的隐蔽性。但除了极少部分纯手工的加工业务外，绝大部分对外加工业务都要耗用电，不将加工费收入纳入账内核算的企业必然会将这部分电耗摊入其他正常生产的产品成本中，因此这类企业账面所反映产品的单位电耗就会远远高于行业平均水平。审计人员只要将两者进行对比，就不难发现其中的异常，再顺着这条线索，采用询问调查、实地观察、检查原始单据等手段，就能使这些未入账的加工费收入"现出原形"。

当然，要获取行业的平均电耗数据不是件容易的事，这仍然要依靠审计人员平时资料搜集及借助于相关网站信息。

四、对一些异常的往来、借款等加以关注

企业将大量的收入隐匿于账外,可能会造成账面现金流缺乏,没有足够现金来支付材料款及各项费用等。为了解决此问题,企业往往会通过借款或往来的形式将部分现金转回到账上。审计人员仔细关注,则会发现这类"借款"或"往来"总会表现出其异常之处。如后附的原始单据不齐全或不合规,凭证摘要含糊其词,账户常年不动(也有的账户发生很频繁)等。如能顺着这些异常的"借款""往来"追查下去,往往会有所收获。

A账面反映审计基准日的短期借款余额为×××万元,其中除××万元是向B农村信用社借款外,其余的反映为向个人借款,有的甚至连借款人名都未注明,是不明来源借款。在审计中发现,这些借款大多对应"现金"科目,凭证后的附件有的为会计手写的白条;有的为单位自行印制的"现金收入凭证",由会计填写;白条和"现金收入凭证"中有的写明了交款人,有的则未写明。其中有一张凭证反映归还借款×××万元,后附的现金支票存根联注明收款人为"Z",但账面从未反映向Z借过款。

十一、采购审计知识大全

一、采购审计的完整过程

采购审计是指对从采购规划到合同管理的整个采购过程进行系统的审查,其目的是找出可供本项目其他采购合同或实施组织内其他项目借鉴的经验。

(一)采购计划审计

采购计划审计是对采购计划中所列物资价格、数量、质量、采购方式和供货商选择等的真实性、合理性和有效性等进行的审计。在审计过程中,内部审计人员应关注的风险领域包括采购计划程序失控、采购计划依据不当、采购计划分解不到位、采购计划执行不彻底、采购计划与其他计划不协调等。

(二)供货商选择的审计

供货商分为定点供货商和非定点供货商。内部审计人员应重点审计企业对定点供货商选择的合理性,内容主要包括:供货商选择评价程序是否规范;是否明确供货商选择的目标和评价标准;是否建立供货商评价小组,小组人员组成是否合理;是否是完整、真实的供货商资料;供货商资料筛选、排序和审批是否流于形式;是否经集体决策进行供货商优选并形成供货商名单;是否根据供货商和本企业的实际情况采用实地考察、书面调查、样品检验或试用的方式确定供货商;是否过度依赖特定供货商,是否设立了备选供货商团队;是否对供货商档案进行规范管理,并建立"供货方库",企业定期对供货商调查和复审;修改供货商档案是否经过特定授权并进行有效信息沟通等。

除了上述内容外,审计时,内部审计师还要综合考虑质量、可信度、能力、产品价格、

管理制度等五个优秀供应商的选择因素。

（三）招标过程审计

第一，准备阶段主要的关注内容。招标项目的审批手续、施工图纸是否按规定经过相关审批和审查程序；项目所涉及的土地征用、拆迁补偿是否已完成项目资金是否已落实，资金来源是否合法合规；招标人是否具有与招标项目相匹配的资质；选择招标代理机构的标准是否合规，与同行业比较情况如何；招标代理机构资质及委托招标的合同需重点审核；招标代理机构的相关情况是否经行政监督部门备案；招标信息发布的媒介是否合规；招标信息发布的时间、发布的范围是否合规合理；是否存在限制投标人竞争的情况；是否存在肢解工程项目，划分为若干小项目的情况；公告内容是否合法合规。

第二，招标阶段主要的关注内容。招标文件与招标通知书是否一致；招标文件中相关材料是否齐备，招标文件内容是否完整，是否设置限制性条款；招标内容对投标人的要求是否合理；招标文件是否具有澄清或修改内容，是否报行政单位备案并在规定日期前通知投标人；答疑会议记录是否全面，纪要是否按规定备案；会议解答内容是否以书面形式发放给所有获得招标文件的投标人；检查投标文件递交和接收程序的合规性；审核标底的编制过程和质量，以及标底和投标报价是否合规、合法、真实。

第三，投标阶段主要的关注内容。资格预审文件、资格预审评审记录表(登记表)等相关文件的完整性；资格预审的评审标准是否在某一方面被提高，或对投标人实行差别性对待；另外，考察投标企业的社会信誉、履约。

第四，开标阶段主要的关注内容。开标程序的规范性，审查开标时间、宣读内容与招标文件的规定是否一致，开标记录是否完整和真实；开标会的出席人是否具备相应资格条件；检查废标的处理情况。

第五，评标阶段主要的关注内容。评标程序、方法和参评标书是否都符合要求，是否存在标书内容雷同或者明显异常的情况；审核评标委员会的人员构成是否合规；评标方法是否与招标文件中一致；检查打分记录有无舞弊情况。

第六，定标阶段主要的关注内容。评标报告的签字是否齐全，有无舞弊情况；评标委员会确定的中标候选人数是否符合规定，中标人是否在候选人之中产生；检查中标结果公示程序；中标通知书是否按照规定发出，是否将中标结果通知所有投标人；中标人在多大程度上满足招标要求。

（四）采购申报价格审计

采购申报价格审计是对采购价格申报内容的完整性、价格标准确定的合理性和申报程序的规范性等方面所进行的审计。具体包括："价格申报单"填列的完整性，价格标准确定的合理性，采购申报价的合理性，申报价格核定程序的规范性等几个方面。应关注的风险领域包括价格标准失控、价格信息系统无效和低效、采购效率降低、价格审查形式化、价格组成内容单一化和串通作弊风险等。

（五）采购合同审计

采购合同审计是对采购合同的合法性、完整性和有效性等所进行的审计。内容主要包括：供货商是否具有签约资格；合同的签订程序是否合规；采购合同条款完备；合同内容是否合法；是否设置专门的合同管理机构；合同管理、人员是否具备相应资格；合同管理制度是否完善；重大合同变更是否有应对防范措施；合同的归档和保管是否完整。应关注的风险领域包括：盲目签订采购合同风险、合同无效风险、合同条款不利风险、合同违约风险和合同档案管理混乱风险等。

（六）物资采购计划执行情况审计

物资采购计划执行情况审计是指在采购物资运达企业后，对物资验收、入库、计量、价格和货款支付等业务执行的适当性、合法性和有效性等所进行的审查和评价。内容主要包括：采购方式执行情况审计，质量控制执行情况审计，计量执行情况审计，价格执行情况审计，仓储保管情况审计，采购负债确认及付款执行情况审计。内部审计应关注的风险领域包括：采购方式和供货商改变、价格失控、质量检验失控、审计不实、保管低效、票据失真、付款提前或滞后、付款不实和违规结算风险等。

二、采购审计资料

采购审计的重点是业务流程是否合规、价格是否合理、质量是否有保证以及是否存在舞弊。在审计过程中，可参阅下面一些规定。

所有审计需要的资料包括	
1	单位简介、工作总结
2	单位执行的制度
3	财务报表、账簿及凭证
采购部内部审计需要的资料包括	
4	采购业务流程、采购审批流程、签订合同权限
5	采购招标文件
6	采购合同、协议及其管理台账
7	供应商管理台账
8	审计期间存货的盘点资料
9	债权债务余额明细及相关说明

其余的采购审计资料还有采购（调料）请求资料、市场询价资料、货物检验资料等。采购审计的重点是业务流程是否合规、价格是否合理、质量是否有保证以及是否存在舞

弊。具体审计程序、内容与步骤如下：

供应商的选择与合同的签订		
序号	审计内容（风险点）	审计程序与步骤
1	筛选供应商没有按公司的要求与制度，没有经过主管领导的审查与审批	查阅并收集公司关于选择供应商（采购）的制度及相关的操作流程，抽查所有采购部存档的供应商名单，确定其是否经领导或相关委员会批准；再从系统抽查各类物资材料供应商名单各30个，与核对的供应商名单核对，确定名单在批准的范围内
2	供应商与预选供应商名单单一，没有及时评选更新	抽查各类材料、物资、土建、安装等供应商的名单，比较历年来的供应商名单的变化，确定其是否供应商名单较少、比较单一，没有年度评定与考核、没有及时引进新的供应商，名单没有及时更新
3	单独与供应商进行谈判，谈判内容没有记录	从采购部门抽查相关的谈判资料50份，查看其是否有谈判记录，是否由采购员单独与供应商进行谈判，谈判人员的签字是否齐全等
4	合同或订单所列项目规格与申请部门所列的项目规格不符，包括数量与价格等	从ERP系统抽查各类合同或订单各40份，根据申请部门填写的"物资采购申请表"详列的物资名称、规格、数量，核对合同或请单上的物资名称、规格、数量是否相符，如不符，要求提供不符的相关证明与文件
5	签订合同或订单的条款与谈判内容不一致	了解谈判的流程及有关的谈判记录，查看50份合同或订单日及其相关的谈判记录，对比采购合同或订单的内容及条款，确保谈判内容与合同内容一致；主管领导是否适度参与谈判等
6	申请物资采购没有核对预算项目及库存材料，签核手续不齐全	重点抽查10个大的采购项目，查阅其预算项目核对相应合同所附的明细项目，确定其是否超出预算项目。如果超出预算项目，则跟踪检查操作程序及索取有关的批准文件，并查阅仓库的核查手续是否齐全，是否签署意见等
7	物资采购价格的确定依据不充分、不合理，与当时的市场价相差较大	抽查30份价格较大的采购合同，确定价格及供货条款是否经过审批，查看供应商报价和其他供应商报价的原始资料，核对价格比较审批表，证实价格确定的来源或者经采购领导小组批准的相关文件；检查采购部的市场价格资料来源的广泛性与准确性，并抽样做市场信息调查，与同期同类材料市场价格比较，分析供应商报价的合理性

8	采购合同条款缺乏公平、公正,公司处于被动地位	抽查采购合同30份,追溯到与供应商就签订合同商谈的详细内容记录,了解合同起草的过程,有否对所列条款进行研究、审定,或咨询公司法律顾问,并根据《合同法》分析各具体条款的合理、公平、公正性
9	合同签订不按权限规定执行,有超过权限签订合同的情况	根据公司有关的权限表,抽查每类合同各20份,查阅合同的审批人是否在授权的范围内。如有超过审批权限,则要追查其原因,并要求提供相应的授权书等
10	急需物资、零星物品的采购超出批准自购范围,采购金额违反"管理人员权限"规定	根据公司有关的权限表,抽查每类合同各20份,查阅合同的审批人是否在授权的范围内。如有超过审批权限,则要追查其原因,并要求提供相应的授权书等
11	生产紧急物资(急件)或项目预算外增加的物资(经领导口头同意的)购入使用后,没有补办相关手续	抽查"急需物资申请表"有关人员签批是否符合权限规定,申购部门领导、采购部领导签署的意见是否同意"先购买,后补办手续",对应签批日期和补办请购、订单日期判断补办手续的及时性
12	物资采购不是直接从生产厂家购买	抽查50份通过中间商采购的合同(10 000元或以上),询问不直接向制造商购货的原因,查询与制造商直接接洽的证明。如有可能直接向制造商了解购货价格及已订合同的价格

采购订单(合同)的执行方面审计内容(风险点)		
序号	审计内容(风险点)	审计程序与步骤
1	采购合同或订购单重复打印签批,存在重复购进付款的风险	了解订购单的录入、更改、签批、提交、打印程序,分析每个环节可能存在的风险,从系统上抽查每月前50份订单,合计600份订单,确定其是否对订单有重复采购,并向电脑部门提出控制改进的建议
2	供应商没有按合同规定时间发货或发货物不齐全	查阅检查期间每月30份订单、合同发货时间以及发货数量,从系统上核对仓库收货入库时间及入库数量,与核定时间比较以判断发货的及时性、准确性
3	供应商没有按合同规定的品牌、生产商或不可外包等条款提供货物	根据以上所抽查的合同,检查对应的验收单,核对所购货物是否为合同中的生产商及品种、品牌,分析了解其不符的原因及过程

4	合同执行进度没有建立报告制度,没有报告采购主管	检查采购部门是否建立合同执行制度及反馈制度,采购员是否按规定的时间把合同的执行进度报告给采购主管,主管是否签署相关的管理意见
5	订单或合同在执行过程中条款的变更缺乏依据	从系统上抽查所有采购材料补充订单或补充合同,查看其是否有变更或对应补充合同的依据,依据是否齐全,理由是否充分,是否有领导的审批手续等。查看确认订单(合同)执行过程中出现数量、价格变更的情况,然后跟踪查证变更的有关批文或补充合同等有效证据
6	合同或订单的执行不及时及货款的核对	从 ERP 系统采购模块查阅检查期间三个月材料订单,核对每一订单的执行情况以及仓库明细账入库记录,确保前一订单执行完毕后,才执行新订单,不允许有前订单已付款、未提完货即终止执行,又重新订立并执行新订单的情况
7	合同或订单执行(交货或完工)期限与约定时间不相符	从质检验收部门抽取验收报告或竣工验收单 100 份,根据验收项目对应的合同规定的交货时间,比较验收报告或竣工验收单,确定合同签订的(验收)完工时间是否与合同规定的完工交货时间一致

仓库验收入库与货款付款审计内容(风险点)		
序号	审计内容(风险点)	审计程序与步骤
1	仓库验收物资时没有按公司规定验收入库	收集查阅有关验收制度与流程,了解仓库的操作规程;再从仓库实地观察其实际验收工作流程,比较实际操作情况与制度规定的差异;重点是观察验收时的数量与质量的验收手续的正确性
2	物资材料没有验收入库就直接运到使用部门	检查该年每月 1—5 日所有材料的订单,统计订购的数量,核对仓库入库数量,在订单规定的期限执行完毕后,订购数量大于入库数量的,再从"生产报表"查看辅助材料累计使用量。如果使用量大于购入量的,则到使用辅助材料车间进一步调查了解,查看使用原始记录,确认辅助材料的购入没有按流程操作,即验收入库
3	物资材料入库前没有经过质检部门抽检	查看质量监督部门的物资检验记录,按类别订单编号顺序抽查各 100 份,查看抽样检验结果鉴定,判断是否有漏检或不检的现象

4	订单或合同执行完后不及时对账,结清货款	抽查"应付账款"明细科目余额 10 万元以上的 50 个客户、100 万元以上的 20 个客户,核对应订单(合同)履行时间和完成时间以及货款的支付情况,确保每份订单(合同)货款两清
5	预付货款不按合同条款办理,缺乏有效监控	在"应付账款""预付账款"明细账上查阅有关预付材料货款的付款凭证编号,查看付款凭证的付款依据,对应订单(合同)执行情况来判断付款的正确性,避免以请示批文预付货款后,补办订单又重复预付货款
6	物资采购业务与会计记录信息不统一	确定会计记录的依据与流程。到仓库抽查材料明细账,抽查该期(年度)1—11 月底各类材料累计购入的数量与价格,与会计账记录的数据核对,查明是否是仓库没有及时把入库单、验收报告单、发票交给会计入账还是其他原因所致

十二、货币资金审计程序分析

货币资金审计是审计员入门的第一课,与之相关的审计程序有很多,各审计程序有其应对的审计目标,对不同审计对象选择合理的审计程序是审计师提高审计质量兼顾审计效率的关键。因货币资金=库存现金+银行存款+其他货币资金,此处从库存现金、银行存款、其他货币资金的常见审计程序展开讨论。

一、库存现金的审计

(一)库存现金监盘

程序目的:

(1)验证账上现金的"存在性"(即账上的现金到底在保险柜中有没有,有没有被挪用或盗用)。如果审计对象是私有且处于创业阶段的小企业,可能因其老板的财产与企业的财产缺乏有效隔离,导致库存现金的"存在性"审计风险较大。例如,笔者于 10 年前在接受委托,做 S 公司引进战略投资者的财务尽职调查时,其账上现金 300 多万,监盘发现保险柜中只有 2 万多。出纳解释在公司设立初,为装修车间,老板私人垫款从市场上买过一些只开了收据的材料,怕税务局查账,故 2 年来老板报销的收据财务一直没有入账,导致现金账实不符。

(2)验证账上现金的"完整性"(即是否所有的现金都被反映到账上,有没有私设"小金库")。如果审计对象有现金收入,且现金收入来源不止一个加上现金收入日清月结的内部控制执行不到位,那么其对应库存现金的"完整性"审计风险较大。例如,酒店行业的健身房、游泳池、酒吧等能现金消费的公司就需关注现金的完整性问题,必要时需要实施一些不可预见性程序,多方了解现金收入的来源。

现金的监盘程序,需要的不仅仅是现场查看出纳盘点现金的数量,审计人员需要做一个"有心人",多留意出纳岗与会计岗不相容岗位是否有效分离,包括出纳和会计的会计信息系统账号是否互用、财务章及印鉴的保管是会计还是出纳、空白支票的保存。此外,针对舞弊的审计时,通常需要增加审计程序的不可预见性,"突击"监盘。

(二)现金的细节测试抽样

程序目的:核实现金开支的真实性、现金开支审批程序是否完整。细节测试有高估测试和低估测试之分,高估测试是通常所说的"逆查法",即从明细账查到原始凭证,以验证是否所有已经入账开支都有原始凭证(发生性);低估测试是通常所说的"顺查法",即从原始凭证查到明细账,以验证是否所有开支均已经入账(完整性)。

该测试通常会在费用细节测试涵盖,一般不需单在货币资金科目审计中重复列示。

(三)现金的截止性测试

程序目的:了解是否存在跨期付款的情况,防止企业把今年的账记在明年或者把明年的账记在今年。一般抽取年前年后15天以内的凭证加以证实。

该测试通常会在费用截止性测试或"收索未记录负债"中涵盖,一般不需单在货币资金科目审计中重复列示。

二、银行存款的审计

(一)打印银行账户清单

程序目的:通过人民银行系统打印被审计单位的开立账户清单,与客户已经入账的银行账户进行对比,查找是否有未入账的银行账户,以此获取是否有账外资产的线索。通常老国有企业改制遗留的未改制企业会遗留这类问题。

(二)打印企业信用报告

程序目的:企业信用报告即原来的"贷款卡",通过企业信用报告中的信息,可以快速核实被审计单位是否有开商业承兑汇票及商业承兑汇票的数量金额,并获取企业是否有未经适当审批的对外担保事项的线索。

(三)执行银行函证

程序目的:验证企业账上银行存款的真实性。

银行函证是货币资金审计中最为硬核的审计程序。事务所对银行函证程序的理解经历了几个阶段。

第一阶段,函证收发交由被审计单位代劳。在审计过程中,审计师编制的银行函证、往来函证后,交由被审计单位寄发,这种操作很"快",但是极易造成取证失效的风险。

第二阶段,函证收发交由审计师项目组成员负责。在这一阶段,事务所选择相信项目组成员,能在一定程度上解决第一阶段被审计单位带来的风险,但依然会有审计项目组带来的风险。个别审计师在各方各种催进度、高强度的工作压力下职业道德出现问题。例如:(1)发样本的时候,依据选样规则挑到了"问题"函证对象,被审计单位不让发,有的审计师为了既能迁就被审计单位又能让事务所质量控制"满意",就违心地让客户提供一个不会回函的"假地址",在函证不回函之后再作证明力度差很多的替代程序。(2)在没有收到函证的时候,有的审计师伪造回函。(3)在收到大量回函不相符的函证时,为了减少解释差异过程的烦琐事宜,直接销毁不相符的回函等。

第三阶段,函证收发由事务所单独成立的函证中心负责。为了应对第二阶段的风险(为了把专业的事情交给专业的人做,提高审计效率),需要审计师将编制好且经被审计单位盖章的函证交由事务所的函证中心,由函证中心负责事务所所有项目的函证寄发,发出之前,函证中心会对收件人地址信息、联系方式进行网络搜索及电话回访核验,特别针对银行函证,要求使用的联系方式必须是银行官方的对公柜台电话,不能用被审计单位的客户经理(避免函证被邮寄到客户经理个人手中)。每封函证都有唯一的二维码,发出之前扫描存档,并上传函证系统。银行回函直接邮寄到函证中心,由函证中心对所有回函进行扫描,在上传函证系统中,若回函与发出不一致,将被标记为异常函证。

如果取证程序不当,程序流程记录不完整,很容易产生一些不好的事件。

(四)大额资金收支测试程序

程序目的:一是验证大中额资金使用是否经适当审批;二是佐证现金流量表的编制。

程序执行上,针对第一个目的,根据抽样方法选取样本,核查序时账→发票→工程监理报告/合同/验收单/入库单→资金支付审批表→银行流水单。需要核查上述各单据的日期、金额、摘要、数量等信息是否一致,相关签字是否完整,是否有重大不合理的地方。

针对第二个目的,需要大体看看大额资金流入流出的性质,加总之后与现金流量表对应项目金额进行比对,看是否有重大的出入。

(五)银行对账单借贷完整性测试程序

程序目的:该程序是将银行对账单中的借贷方累计发生额分别与银行日记账的贷借方核对,若对账单的金额远大于银行日记账的金额,则很可能银行存款在审计期间被挪用未入账。

(六)银行余额调节表测试程序

程序目的:验证银行余额调节表的编制及复核是否符合规定,验证银行余额调节表中的调节事项是否需要出审计调整。银行余额调节表应由会计编制财务经理复核不能由出纳编制,实务中经常有企业存在这个内控设计缺陷。银行调节表中的银收企未收、银付企未付,如果超过错报门槛,就需要调整。企收银未收、企付银未付这两项一般是因开出支票出现,现在企业间结算大多用银行转账代替支票,较少出现这两类未达账项。

（七）银行存款截止性测试

程序目的:了解是否存在跨期付款的情况,防止企业把今年的账记在明年或者把明年的账记在今年。一般抽取年前年后 15 天以内的凭证加以证实。

该测试通常会在费用截止性测试或"收索未记录负债"中涵盖,一般不需单在货币资金科目审计中重复列示。

三、其他货币资金

（一）函证程序

程序目的及程序方法同银行存款函证。

（二）重新计算程序

如银行承兑汇票保证金,可以通过执行重新计算程序,大体判断保证金存的金额合不合理。

某企业从木材厂拉入圆木 50 吨,其他木料 50 吨,运杂费共计 30 000 元,全部由圆木负担,这样购入圆木的采购成本多计 15 000 元,其他材料的采购成本则少计 15 000 元,从而造成各种材料的采购成本核算不实。

四、随意变更存货的计价方法

根据会计制度规定,企业可以根据自身的需要选用制度所规定的存货计价方法,但选用的方法一经确定,年度内不能随意变更,如确实需要变更,必须在会计报表中说明变更原因及其对财务状况的影响。但在实际工作中,许多企业都存在随意变更计价方法的问题,造成会计指标前后各期口径不一致,人为调节生产或销售成本,调节当期利润。

例如,M 企业某年选用先进先出法计算发出存货的成本,但由于受多种因素的影响,该商品购进价格上扬时,改用后进先出法计算发出成本,购进价格下降时再用先进先出法,使该商品在会计年度内先进销出法和后进先出法交替使用,人为地调节利润。

又如,M 企业多年来一直采用后进先出法计算确定发出木材的实际成本,由于木材涨价过猛等原因,致使木器产品成本大幅度提高,经济效益明显下降。企业为遏制经济效益下降的局面,在采取积极措施的同时也采取了一些不正当的手段,变更发出原材料实际成本的计算方法,其具体手法为:将后进先出法变换为先进先出法。

该企业原先一直采用后进先出法计算发出木材的实际成本,截至 6 月底木材的账面结存 100 立方米,单位成本为 180 元/立方米,余额为 180 000 元。下半年购进木材 3 000立方米,金额为 1 575 000 元(其中 7 月份购进木材 1 700 立方米,单位成本 400 元/立方米,余额为 680 000 元;10 月份购进木材 1750 立方米,单位成本 460 元/立方米,余额为 80 500 元)。从 7 月份开始,未经审批使改用先进先出法计算发出木材的实际成本。这样就会人为地调节了发出存货成本、销售成本和利润。

(一)材料盘盈盘亏,不作转账处理

企业由于材料品种多,规格型号复杂,收发次数频繁,在计量和计算上难免发生差错,在仓储保管中可能发生自然损耗、损毁和被盗等问题。因此,企业应在年终时对各种材料进行实地盘点,并将实存数量与账面数量核对,对于材料盘盈、盘亏应查明原因,按照规定进行转账处理。但在实际工作中,许多企业却利用不正确处理盘盈或盘亏的手法,以调节利润。

如有的企业经济效益较好,但企业领导人担心“枪打出头鸟”,为了压低利润,采取了只列报和处理材料盘亏,而对材料盘盈隐匿不报和不作转账处理。相反,效益不好的企业,为了争取多实现一部分利润,就采取了只对材料盘盈作转账处理,而对材料盘亏留待下年度处理的做法,还有的企业随意转账,将盘盈材料计入“营业外收入”或“其他业务收入”,或将盘盈盘亏与物资储备中发生的非常损失或溢出金额相互冲销,不转出其相应的“进项税额”,以增加增值税的抵扣数。

(二)不报毁损,虚盈实亏

企业在清查财产过程中发现毁损材料,应按照规定程序报批转销其毁损价值,但企业为了掩盖其不景气的经营状况,搞虚盈实亏,对年终财产清查中已经查明的毁损材料,不列表呈报,使其损失价值仍潜藏在材料成本中。如某家专门生产毛线的企业,在年终进行财产清查时,发现库房由于质量原因,使许多库存毛线发生霉烂、虫蛀,损失价值达 60 万元。

企业在预计全年收支情况后,发现如要列报毁损,企业就会由盈利转为亏损。该企业职工工资实行“工效挂钩”方式,如果企业亏损,职工就不能晋升工资,并影响到年终奖金的发放。权衡之后,企业领导授意财会部门,将应报损的材料全部从财产清查表中去掉,实物仍留存在仓库不作处理,年终将账面数额结转下年度。这样的结果导致企业一方面当年形成虚盈实亏,另一方面为以后年度埋藏了潜亏因素。

五、账外物资“小金库”

企业为了给职工搞额外收入,或进行一些非法支出,设账外物资“小金库”。将账内的一定比例的物资材料移到账外,置于企业生产经营的体外,作为随时可供自己调用的物资“蓄水池”。主要手法有:

（1）购进存货时即作生产费用或作为待摊费用，未使用便计入成本费用；

（2）领用的材料不用或少用，却计入成本费用，采用不作退料或假退料、退库不记账等方式，积少成多，形成大量账外物资，将其报出，存入"小金库"；

（3）回收的边、角、废料不入账；

（4）盘盈、接受捐赠的物资不作账；

（5）自制材料不入账；

（6）外发加工退回材料的余料不入账。

例如，某企业车间和管理部门领料，实物已领代耗，将领取的材料物资不用或少用，但在账务处理却依据领料单将领取的材料物资数额，全部作为耗用计入了成本费用账户。由此而形成的大量账外材料物资，即不作退库处理，也不作盘盈入账，而是将其卖出，获取的价款存入"小金库"，以便给职工购买生活用品或者以发放奖金的名义直接发放现金。

六、监守自盗，虚报损失

保管人员利用职务之便，或勾结车间人员，涂改账目、盗窃财物，或者虚报和夸大损失，将报损材料转移或贪污私分；冒领或用假领料单和发料单，盗窃物资，转移出售；或盗窃财产物资，将所窃物资成本通过打折等手法打入正常领料、发料业务中。

例如，某企业车间领料员、成本核算员与仓库保管员，共谋贪污盗窃电器材料。由领料员填写领料单，不经车间领导审批，直接到仓库领料；仓库保管员不按发料要求进行审核，即签字发料，随后合伙将实物偷运出厂。在账务处理时，只依据领料单作借记"生产成本""制造费用"科目，贷记"内部往来"科目的账务处理，而漏掉了材料入库和出库的核算程序。

七、以物易物

根据国家税法和《企业会计准则》的规定，企业之间以生产资料串换生活资料，以生产资料对换其他生产资料等，都应视同销售，作购进和销售账务处理，并计算相关税金。但有些企业在这种非货币性交易中，不结算，不走账，摆脱银行、工商行政管理等部门的监督，为偷逃流转税、虚减销售收入，隐瞒利润大开方便之门。

例如，某企业为一汽车生产厂家，将自己生产的汽车与某机床厂生产的机床进行易货贸易，该企业财务人员不作账务处理，两种商品之间通过协商不存在差价问题。

八、材料假出库，虚列成本费用

企业为了逃避所得税，虚减利润，就采用办理假出库手续，虚列材料费用，人为提高产品成本。如某企业在年终车间办理领料手续，填制领料单，而实际未领料，车间成本核算员根据领料单填写的用途,以产品生产用料和车间维修用料为名,分别作增加产品生产成本和制造费用的账务处理,年终再以少保留在产品成本、多分配完工产品成本的舞弊方式,将虚增的产品成本,人为地转入销售成本,相应地虚减利润总额。

九、货到票未到,不暂估入库

根据财会制度的规定,对于月末已收到的购入材料(但发票账单未到),要暂估入库进行账务处理,待下月初再用红字冲回。但有些企业对于收到的这部分材料,月末不作账务处理,造成账实不符。

如审计人员在对某企业存货进行审时,盘点库存实物与账面金额不符。经详查,得知该企业购入的一批电机,已入库,但发票一直未到,企业财务人员没有进行账务处理。

十、人为提高成本差异率

有些企业,为了控制超额利润,大都从隐匿收入和虚增成本两个方面进行作弊,人为地提高材料成本差异率。多分摊材料成本差异,是采用计划成本进行日常核算企业的常用作弊手段。

如某企业为了逃避所得税,采用提高材料成本差异率的手段,该企业全年产品生产领用原材料的计划成本平均每月 3 000 万元,每月应计原材料成本差异率在 9.5% ~ 12.8%。经过调整,每月的人为差异率都比应计差异率提高 1.5%,全年即可多分摊材料成本差异 500 多万元。

十一、人为地压低差异率

与提高成本差异率相反,有些企业为了完成承包任务,而人为地压低材料成本差异率,用来降低成本,虚增销售利润,实现承包任务。

十二、计划成本过度偏离实际成本

根据财会制度规定,采用计划成本进行材料日常核算,计划价格通常以不高于或不低于实际价格的10%为宜,有的企业为了调节产品成本利润,有意过高或过低地确定材料的计划价格,甚至对已制订的接近实际价格的计划价格,有意大幅度地上调或下压。从而人为地调整"材料成本差异"账户余额,而达到调节利润的目的。

十三、虚计在产品完工程度,调整完工产品成本

产品总成本在完工产品和在产品之间的分配是否正确,将决定着完工产品和月末在产品成本的真实性。企业为了调节利润,常常在分配完工产品成本和在产品成本上

做文章。即有意多折合或少折合月末在产品的约当产量，或多计或少计在产品的加工程度等，以调节生产费用在在产品和完工产品之间的分配。

如某企业本月生产费用共计 4 500 万元，本月生产产品 2 000 台，月末完工 1 400 台，在产品 600 台，完工程度为 80%。企业为了提高产品销售成本，将在产品的完工程度确为 60%，从而使完工产品成本分配数额比应分配数额多分配，造成少计利润。

十四、偷梁换柱

有的企业采取"调包计"的方法，将采购或库存商品进行调换，以次等品换优等品，以廉价物品换贵重物品，以劣质商品换优质商品，以旧商品换新商品，以坏商品换好商品；有计划、有预谋地对不同商品产品串档串规，混淆不同批次、不同型号、不同产地、不同价格的物资，偷梁换柱，瞒天过海，以达到其违法乱纪的目的。

如某食品公司仓库保管员，其兄开了一个小店，经营日杂食品，长期以来凡小店因进货不当，无法出售的物品全部由该保管员"调剂"回厂，从厂里换回新的物品；如将过期食品送回厂，然后将新出厂的食品调换回店，之后该保管员又以假换真，用假食品换本厂生产的真食品，使厂里经济大受损失。

十五、改变低值易耗品核算方法，调节产品成本

企业对低值易耗品可采用一次摊销法、分次摊法、五五摊销法进行核算。无论采用哪种方法核算，一经采用即不得自行变更。但是有的企业为了调节产品成本，往往随意更换既定摊销法，违规核算低值易耗品的实际成本。

如企业为了调高或调低利润，就会改用分次或一次摊销方法，人为地操纵费用，从而达到预定利润的目标。

十六、委托加工受贿，多付材料费用

企业委托外单位加工各种材料，有关财会人员和业务人员，为了从受托加工单位捞到好处，接受贿赂和回扣等，与受托加工单位合谋，按照其出具的加工费用结算单和发票，默认违反合同规定多计算的加工费用和运杂费，受托单位加工完毕后的剩余材料也不予回收，而将其价值全部计入加工完成材料的实际成本。

十七、分期收款发出商品，不按实际比率结转销售成本

企业为了近期利益，通过多结转或少结转分期收款发出商品销售成本的方式，使利润在不同会计期间进行人为转移。

如某企业根据销售合同于 12 月份发出价款为 100 万元的商品，合同约定该批商品采取分期收款结算方式分三期收款，发出商品时收取货款的 20%，以后两期各收取

40%,该批商品的实际成本为 80 万元。按规定第一期应结转的销售成本为 40 万×20% ＝8(万元),但企业却人为结转 5 万元。由于故意少结转当期销售成本 3 万元,从而使该期虚增产品销售利润 3 万元。

十三、"小金库"的构成、形式及查证方法

一、"账外账""小金库"来源的主要构成分析

(一)截留收入及收益形成

这是"账外账""小金库"形成的主要来源,主要表现为截留销售收入、各种劳务及服务收入、废旧物资处理收入、投资收益、联营所得以及资本利得等。最为常见的是截留销售收入,其主要手法是采取开具假发票或在对方不需要票据的情况下,将销售收入截留存放在账外。废旧物资处理在大部分企业内部管理中都较易被忽视,因此废旧物资处理收入往往容易被小团体截留作为集体福利开支。

(二)虚列支出套取资金形成

这主要表现为虚构经济业务虚列支出套取资金存放账外和利用真实业务虚增支出套取资金存放账外等。如某企业利用假合同、假单据虚构维修工程业务,虚列维修工程成本 400 万元,将虚列的 400 万元成本全部套出转移至账外。又如某企业利用真实的维修工程业务,在原本的 300 万元成本基础上利用假合同、假单据虚增 100 万元成本,将虚增的 100 万元资金套出转移至账外。

(三)利用假单据骗取资金形成

这主要表现为骗取财政资金或其他公款。如重大技术改造资金拨款等,这类资金通常要求固定资产投资需达到一定规模,部分企业为取得财政专项资金支持,往往采取假发票、假银行单据虚增固定资产投资成本骗取财政补贴资金并将其转移至账外使用。

(四)利用往来单位转移资金形成

这主要表现为利用上下级单位和业务往来单位的便利,将资金转移至账外。如利用虚假关联交易通过预付账款、其他应收款等往来科目将资金转移至账外进行体外循环,本金收回后,将体外循环的收益存放于账外;将已作为坏账核销的应收账款、其他应收款收回后存放账外;上级单位在成本费用中列支所属下级单位的费用,再将下级单位归还的资金存放账外等。

(五)隐匿非经常性收益形成

这主要表现为将外单位支付的回扣、佣金、好处费、返点返利、赞助、捐赠等非经常性收入存放账外。由于这部分收入不具经常性、公开性,隐蔽性较强,较易被经手人以及经手部门截留使用,因此导致经济案件的风险也更高。

二、"账外账""小金库"资金的存放形式分析

(一)以单位名义开设账外账户予以存放

这主要表现为在单位法定账簿之外,以单位名义另设账外账户存放账外资金。这是目前较为常见的一种存放方式。

(二)以个人名义开设账户予以存放

这主要表现为将公款以个人名义存入储蓄,或将单位的资金以个人名义开立账户存储、将单位资金转入个人储蓄账户等。这也是"公款私存"的一种表现形式。这种存放形式也进一步加重了国有资金被贪污、挪用和私分的风险。

(三)借用往来及下属单位账户予以存放

如将投资收益或联营所得等存放在被投资单位或联营单位账上进行使用,将下属单位应上缴收益或归垫的房租水电等资金直接存放在下属单位账上并使用。

(四)利用专用存款账户予以存放

如将单位截留的收入以及虚列支出套取的资金转移到单位工会账户存放并使用。

(五)以现金形式存放于保险柜

直接将现金收入存放在单位保险柜中,这种存放方式常见于规模较小的单位。

(六)以有价证券形式予以存放

将资金转换成股票、债券等有价证券进行投资并存放。

(七)以实物资产形式予以存放

将资金用于购买汽车、房产和设备等,以固定资产等实物资产形态予以存放并使用。

(八)以股权或债权等形式予以存放

将资金用于对外投资和借款形成的股权和债权。

上述(一)至(五)项存放形式,通常称为"账外资金";上述第(六)到(八)项存放形式,通常称为"账外资产"。

三、"账外账""小金库"的审计方法分析

(一)账户查询法

账户查询法可在审计调查了解阶段,要求被审计单位提供基本户开户银行或人民银行出具的单位所有账户信息,将上述开户信息与企业财务账内核算的所有银行账户信息进行核对,这个方法对发现以单位名义存放的"账外账""小金库"较为便捷实用。

（二）内控分析法

在审计调查了解阶段，重点对单位收入完整性进行测试，以产品出库单、客户提货单等为原始依据和测试起点，结合客户合同及存货盘点情况等与收入确认金额进行核对分析，以查找是否存在截留收入设置"账外账""小金库"的情况。需要注意的是，此种方法一定不能以发票作为测试起点，否则不能发现不需开票的收入。

（三）支出核实法

在实质性测试阶段，重点对大额成本费用进行真实性测试。特别关注采取现金或开具现金支票方式进行结算的经济业务，在网上发票查询系统查询票据的真实性，必要时还可到收款方进行延伸调查，以查找虚列支出套取资金设置"账外账""小金库"的情况。

（四）往来核对法

对预付账款、应收账款、其他应收款等往来科目进行趋势分析，对存在异常变动的科目要重点分析被审计单位与相关客户、供应商之间往来的真实性，必要时可进行延伸调查，以查找利用外部往来单位虚构交易以及利用关联交易转移资金的行为。同时，还应关注企业与其上级部门及下属企业往来的真实性，特别是在抽查被审计单位的上下级往来单位时，应重点关注上下级往来单位转账支付所使用的被审计单位的收款账号，将其与被审计单位账内的银行账户进行核对，以查找利用内部往来转移资金设置"账外账""小金库"的情况。

（五）现金盘点法

现金盘点法是突击抽查被审计单位的保险柜，这种方法适用于被审计单位业务规模较小的情况。抽查现场必须有两名以上审计人员以及被审计单位会计出纳等同时在场，抽查时间应根据实际情况，选取早上现金收付业务尚未开始前，或晚上现金收付业务结束后，并且应对保险柜内全部物品进行清点检查，此种方法可发现以现金形式存放或以个人名义开设存单存放的"账外账""小金库"资金。

十四、审计报告撰写技巧

审计报告作为审计项目成果，不仅凝聚着整个审计团队的心血，也是工作成果的集中体现。

在日常的审计报告复核和汇报过程中总会发现，审计结论过于草率、证据不足或者审计判断偏差的问题。根据总结和梳理，笔者认为，审计报告撰写并不是无规律可遵循，当然不是套用模板、生搬硬套，而是具有一般性规律，可以参考套用。

在审计项目已经做透，基本问题发现已经确认，审计建议思路已经清晰，报告框架已经成竹在胸的前提下，下笔时，笔者认为，以下五先五后需要做到灵活应用。

（一）先加法后减法

对问题、发现、漏洞、缺陷、不足、闲置、损失、风险等问题先行进行叠加罗列。当然，不是发现的问题越多越好，而是需要进行对发现问题深度、角度、质量等方面进行提炼做减法。

所以，同一个问题，在写入报告之前先自问几个问题，比如风险程度多大？可能造成的损失程度？在整个审计发现里面所占重要性程度如何？是不是高级管理层关注的角度？等。

（二）先汇总后分类

在对审计发现问题进行汇总后，应该已经具有了一定的问题类型框架，那么就根据业务流程、内控、财务或者关键环节进行分类管理。但关键需要注意的是，要有一定的逻辑性，让阅读者一看就明白，你是基于什么逻辑进行分类，层次要清晰，问题发现要明了。

（三）先重要后次要

在审计项目完成后，一个有经验的审计人，应该对重大或者重要审计发现了如指掌。不管是根据金额也好，性质也罢，也就是对汇总分类后问题的再次梳理和排序。笔者建议对一些可写不可写的发现，最好不写，可以与被审计单位沟通整改，在报告中不但体现不了审计价值，还给人一种审计不专业的印象。

（四）先数据后文字

笔者一贯坚持的原则是有数据支持的审计发现，尽量减少文字描述，使用数据，既科学，又有说服力，减少了不少人为主观描写不到位的可能性，减少理解误区。

（五）先证据后判断

审计工作过程中，通过访谈、调查、盘点、复算等各种手段，总会得到一些中间表单，虽然其具有面向主体和历史的特性，但总归是审计人员编制的。所以，能够使用原始证据的，坚决不再编辑；能够使用证据的，坚决不做人为判断。

但有证据不等于不用审计判断，在完成中间表单或者证据整理后，可能仍然存在证据不足的问题，那么审计人员就必须根据工作经验，结合职业判断得出结论。可能会存在证据不足的嫌疑，但从另一个方向说明审计工作的专业性和不可替代性，为进一步决策提供意见支持。

十五、如何增加审计报告的价值

审计报告的价值有丰富的内涵，包括信息价值、指导价值、节约成本等综合性的为社会创造的价值。作为审计部门，只有不断创新，揭示和反映经济社会各领域的新情况、新问题、新趋势，才能增加审计报告价值，才能更好地维护经济安全、充分发挥审计在党和国家监督体系中的重要作用。笔者认为如何创新审计理念，增加审计报告价值，可以从以下几个方面探索。

创新审计理念。审计应突破传统思维，密切关注经济社会各领域的新情况，紧扣社会脉搏，拓展审计监督的广度和深度，切实发挥审计揭示风险隐患、落实民生政策、维护国家财政经济秩序、提高财政资金使用效益方面的作用。审计需要与时俱进，以发展的眼光与国家政策接轨，成为国家的"免疫系统"和"经济卫士"。

审计坚持"价值"导向。审计目标应关注审计能创造多少价值。国家审计基于国家政治需要产生，其价值的源泉在于满足国家需求。基层审计机关在审计项目编报计划时，应以价值创造为导向，关注审计价值与审计成本，寻求二者之间的均衡。同时，审计人员在审计过程中应在潜意识里突出"价值"二字，从体制、机制方面发现问题，关注存在的风险漏洞和安全隐患等，使审计报告具有充分的价值。

审计建议具有可行性和价值性。审计建议根据审计发现的问题，提出有针对性建议，它综合了审计人员的工作经验、逻辑思维推理和理论基础等智力成果；提出有价值的建议，能够帮助被审计单位防微杜渐、不断提高自身管理水平，督促国家重大决策的贯彻和落实，规范权力运行，创造良好的经济社会环境。

监督和服务职能并重。以往审计常被树立在被审计单位的对面，作为"监督者"。这种方式容易引起被审计单位的排斥和抵触，影响审计效果。审计可以通过转换思维，寓服务职能于审计监督中，以独立的第三方立场，发现纠正权力机关运行中的问题和潜在的隐患，以"啄木鸟"的精神帮助被审计单位健康发展。同时，审计也可以了解被审计单位的困境和难点，综合其他单位的现状，以专报或者信息的形式，向有关部门"传达声音"，成为被审计单位的"朋友"。

参考文献

[1]楚文光,胡为民,雷年桢,等.大数据智能审计助推企业高质量发展[J].中国内部审计,2021(6):48-53.

[2]吴勇,余洁,王尚纯,等.人工智能审计应用的国际进展[J].中国注册会计师,2021(6):121-126.

[3]胡昌乐,叶苗苗,唐璐,等.大数据审计内涵式发展现状与路径研究[J].财务管理研究,2021(5):77-80.

[4]王晓怡.大数据背景下审计面临的挑战与应对措施[J].财会学习,2021(14):125-126.

[5]王俊莹.我国上市公司会计信息披露监管问题的对策研究[D].太原:山西财经大学,2015.

[6]胡国恒,王少芳,翟永会.上市公司会计信息披露存在的问题及对策[J].经济纵横,2014(7):101-104.

[7]胡中艾,朱光明.审计实务[M].北京:中国人民大学出版社,2017.

[8]梁慧媛.审计基础模拟实训[M].北京:中国人民大学出版社,2020.